株式投資の理論と実際

佐々木浩二［著］

創 成 社

序

　S&P Dow Jones Indicesの会長を務めているBlitzer氏は，著書の序文に次のように記しています。

　「20世紀の中ごろの一時期だけ，政府ないし会社がすべて面倒を見てくれ，退職金も払ってくれると考えられていた。しかし，20世紀末になると，自分が望む快適さと財産を合わせもって退職するには，自分で自分の面倒を見ざるを得ないことがはっきりした。そして私たちは投資家になったのだ」[1]

　政府や会社に頼れなくなっているのは日本もおなじですので，私たちも投資家となって資産を形成してゆかなければなりません。資産形成を考えるとき，株式は欠かせない金融商品です。しかし，株式に投資することの評判は必ずしも芳しくありません。株式投資する人をみて「何かあやしい」，「濡れ手で粟の大儲けをしている」と感じる人も少なからずいるのではないでしょうか。

　本書は，必要と評判の隔たりで見えにくくなっている株式投資の実像を映し出すことを目的としています。第1部では株式のしくみを，第2部では株式投資の理論を，第3部では株式投資の実際を扱います。確信と疑念，強気と弱気，利益と損失が交錯する株式投資の世界で生存しつづけるための指針を，1つでも提供できればと考えています。

　本書は特定の金融商品や投資手法を勧めるものではありません。くれぐれも自らの責任で投資していただくようお願いいたします。本書で紹介する事例は証券投資の実際を伝えることを目的としており，関係機関や関係者への意見を含まないことを申し添えます。

　出版の機会を与えていただいた創成社の西田徹氏に心より謝意を表します。本書に残された不備のすべては筆者に帰します。

---

[1] Blitzer, David M. 著，伊豆村房一・内誠一郎訳『株価指数の徹底活用術』東洋経済新報社，2004年のp.xiから引用。

目　次

序

第 1 部　株式投資の基礎

第 1 章　株式とは ——————————————————— 3
❶　株式会社　3　　　　　　　　❷　株主の権利　4
❸　株式の譲渡　6　　　　　　　❹　発行市場と流通市場　10
補　論　株式投資の注意点　11

第 2 章　個人投資家増加の背景 ——————————————— 13
❶　投資単位の引き下げ　14　　　❷　売買委託手数料の自由化　17
❸　低金利　19
補論 1　ライブドアの影響　24　　補論 2　世界の取引所　25

第 3 章　株式の売買 ——————————————————— 27
❶　証券口座の開設　27　　　　　❷　株式購入前の確認事項　29
❸　注文の提出と執行　30
補　論　立会外の取引　35

第 2 部　株式投資の理論

第 4 章　株式投資の利益と利益率 ——————————————— 39
❶　株式投資の利益　39　　　　　❷　株式投資の利益率　40
❸　利益率の分布　42　　　　　　❹　分布のモデル　43
補　論　対数利益率　47

第 5 章　リターンとリスク ——————————————————— 50
❶　未来に向けて投資するということ　50　　❷　期待利益率と標準偏差　51

補論 1　為替レートの変化と株式投資の利益率　56
　　　補論 2　たし算の記号 Σ　57

第 6 章　個別株式　————————————————————— 59
　❶　リスク回避度　59　　　　　　❷　無差別曲線　60
　補 論　効用と無差別曲線　63

第 7 章　ポートフォリオ　————————————————— 65
　❶　ポートフォリオの期待利益率と標準偏差　65
　❷　効率的フロンティア　70　　　❸　ポートフォリオの選択　71
　補論 1　ポートフォリオの標準偏差　72
　補論 2　最小リスクポートフォリオ　73

第 8 章　リスクの分散　—————————————————— 75
　❶　分散共分散行列　75　　　　　❷　リスク分散の極限　76
　❸　市場ポートフォリオ　78
　補 論　分散の式　79

第 9 章　無リスク資産の導入　——————————————— 83
　❶　無リスク資産　83　　　　　　❷　CML　83
　❸　パッシブ運用　87
　補 論　日経平均とTOPIX　89

第 3 部　株式投資の実践

第10章　アクティブ運用①：テクニカル分析　————————— 95
　❶　テクニカル分析　96　　　　　❷　テクニカル分析の手法　98
　❸　テクニカル分析に対する学者の反応　106

第11章　アクティブ運用②：ファンダメンタル分析　—————— 108
　❶　業績の開示　108　　　　　　❷　継続企業の前提　109
　❸　純利益　113　　　　　　　　❹　その他の要因　117
　補 論　ROEと資本コスト　119

第12章　証券市場線 ——————————————— 122

❶ 投資のものさし　122　　❷ SML　124

補論1　累乗によるルートと分数の表記　128

補論2　ルート関数の微分　130

第13章　アクティブ運用の成否 ——————————— 132

❶ ベータの意味　132　　❷ アクティブ運用の成否　134

❸ 裁定取引　135　　❹ 投資家の堂々めぐり　136

補論　GPIF　137

おわりに　141

索　引　143

第1部

株式投資の基礎

第1章

株式とは

本章では,本書で投資することを考える株式について説明します。

❶ 株式会社

日々の生活の中で,私たちは買い物をしたり,電車やバスに乗ったり,スマートフォンのサービスを利用したりしています。これらの財貨やサービスの多くは,株式会社が提供しています。

図表1－1は株式会社の例です。私たちが買い物をするイオンモール,セブンイレブン,髙島屋は株式会社が運営しています。私たちが通勤や通学に利用する鉄道やバスの多くは株式会社が運営しています。インターネットの接続サービスを提供しているのも,ポータルサイトを運営しているのも,SNSを提供しているのも株式会社です。株式会社は生活を豊かに,便利に,楽しくする財貨やサービスを社会に提供しています。

買い物	旅客サービス	ネットサービス
イオン	小田急電鉄	日本電信電話
セブン＆アイ	東海旅客鉄道	ヤフー
髙島屋	西日本鉄道	ミクシィ

図表1－1　株式会社の例

次ページの図表1－2は形態別の企業数と雇用者数を表しています。企業数を表す左図をみると,株式会社・有限会社・相互会社は個人企業についで多く,172万社あることがわかります。雇用者数を表す右図をみると,株式会社・有限会社・相互会社に勤めている人は3,758万人と最も多いことがわかります。個人企業に勤めている人の数は,地方公共団体に勤めている人の数とそれほど変わりません。中央官庁や持分会社に勤めている人は多くありません。働く場としても,株式会社は重要な地位を占めています。

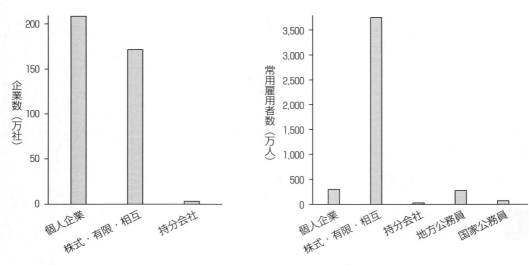

図表1-2　企業と雇用者の数[1]

　株式は「あやしげなもの」、株式投資は「濡れ手で粟の大儲けを目論む人がやるもの」と感じる人もいるかもしれません。しかし、株式会社は生活に欠かせない財貨やサービスを私たちに提供し、多くの人に働く場を提供しています。株式は、このように社会的意義のある株式会社を生み出し、育てていくための重要な道具なのです。

❷ 株主の権利

　株式会社に出資して、株式を保有する人を株主といいます。株主になるとどのような権利が得られるのでしょうか。株主の権利には、図表1-3が示すように、自益権と共益権があります。自益権には剰余金配当請求権や残余財産分配請求権などがあります。剰余金配当請求権とは、会社が得た利益の一部を配当として受け取る権利です。残余財産分配請求権とは、会社が解散するときに資産の余りがあれば、それを受け取る権利です。投資家はこれらの経済的メリットを得るために株主になります。

---

[1] 経済産業省,経済センサス、人事院（2014）から2014年のデータを取得し作成。株式会社単独のデータは公表されていないが、有限会社は会社法上株式会社とみなされ（会社法の施行に伴う関係法律の整備等に関する法律2条）、相互会社は保険会社にごく少数みられる形態であることから（保険業法2条）、「株式・有限・相互」の分類はおおよそ株式会社の状況を表すと考えられる。
　株式会社と持分会社については佐々木（2016,pp.100-102）を、個人企業については會田（2014）を参照。国税庁の会社標本調査（平成26年度）では、企業数が260万を超えている。資本金1,000万円までの企業数は国税庁統計の方が多く、資本金1,000万円超の企業数は経済産業省統計の方が多い。江頭（2015,p.3）によると、国税庁統計は事業所を持たない企業を含む。

共益権には議決権や違法行為の差止請求権などがあります。議決権とは，会社を運営する取締役を選んだり，配当の額を決めたりする権利です。違法行為の差止請求権とは，会社が違法なビジネスに手を染めようとするのを止める権利です。投資家はこれらの社会的メリットを得るためにも株主になります。

株主の権利の大きさは，保有する株式の数によって決まります。株式を多く保有する株主の権利は大きく，株式を少しだけ保有する株主の権利は小さくなります。会社から配当を多く得たい人や，会社の運営方針に影響を与えたい人は株式を多く保有する必要があります。

自益権	株主個人のため	剰余金配当請求権 残余財産分配請求権 ほか
共益権	株式会社のため	議決権 違法行為の差止請求権 ほか

図表 1 − 3　株主の権利[2]

株主の権利を行使するには，あらかじめ定められた基準日までに株主になる必要があります。株式の決済にかかる手続きは複雑なため，売買契約を結んでから株式を手に入れるまでに 3 営業日を要します[3]。したがって，基準日に株主となるには，基準日の 3 営業日前に設定される権利付売買最終日までに売買契約を結ばなくてはなりません。図表 1 − 4 は，権利付売買最終日と基準日のあいだに休日や祝日が入らないときの日程を表しています。あいだに休日や祝日が入るときには，基準日の 4 日前，5 日前が権利付売買最終日になることもあります。

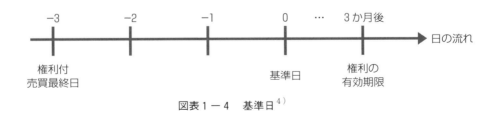

図表 1 − 4　基準日[4]

2）会社法105条，295条，309条，360条，422条，453条，454条を参照して作成。単元株式数を定款に定める株式会社で議決権を得るには単元株式数分の株式を保有しなければならない。会社法188条から191条と308条，会社法施行規則34条を参照。
3）株式売買の決済については佐々木（2016）の第12章を参照。
4）会社法124条を参考に作成。株式分割等の権利を得る株主も同様の日程で決まる。

基準日に株主が取得する権利の有効期限は3か月とされています。それで，支払われる配当の額を決めたり，会社を運営する取締役を選ぶ株主総会は基準日から3か月以内に開かれます。6月下旬に株主総会が集中するのは，3月を決算月とする会社の多くが3月末に基準日を設定するためです。

❸ 株式の譲渡

株主が出資した額は，債権者を守るために会社に蓄積されます。したがって，出資金が株主に返還されることはふつうありません。

たとえば，銀行借り入れ20億円と出資金30億円だけで事業を営む株式会社があるとしましょう。この会社が損失を出すと，損失額だけ資産と資本金が減ります。損失が10億円であれば，資産と資本金は10億円ずつ減ります。資本金が減ることから，これを減資といいます。

このとき，図表1－5のように，株主は出資した30億円のうち10億円を失います。損失のすべてを株主がこうむりますので，20億円の貸出債権を持つ銀行に直接の影響は及びません。資本金は債権者を守るクッションの役割を果たしています。

図表1－5　債権者保護のための資本金[5]

債権者を保護する役割があるため，出資金は株主に返還されません。しかし，出資金を現金化する方法がまったくないと，株式を購入しづらくなります。この問題を解消するために，会社法は譲渡という株式の換金方法を用意しています。譲渡とは株式を売ることです[6]。

---

5) 会社法447条から449条を参照して作成。
6) 会社法127条，民法466条と555条を参照。森訳（2014, p.261）に「経営者は蓄積された利潤をこのように企業内に留めおくことができ，後順位証券の所有者にたいしては，価値上昇を実現したければ公開市場に赴くしかないように仕向ける」とある。森訳（2014）の第8章も参照。

株式を売るのはそれほど容易ではありません。日常的に購入する商品であれば，買い手に「どれくらいのものがいくらか」という相場観がありますが，多くの人にとって株式は日常的に買うものではないため，その値打ちを推し量ることが困難です。加えて，「売り手が信用できるか」「会社の経営実態はどうか」など疑心がよぎり，なかなか株式の購入に踏み切れません。株式を譲渡しやすくするには，こうした心配を減らし，株式の売り手と買い手が安心して出会える取引の場が必要です。この必要を満たすのが金融商品取引所です。株式を取引する金融商品取引所には，日本取引所傘下の東京証券取引所，札幌証券取引所，名古屋証券取引所，福岡証券取引所があります[7]。

取引所で株式を売買できるようにすることを上場といいます。取引所は，形式と実質の両面から上場を希望する会社を審査します。形式については株主数，日常的に売買される株式の比率，時価総額，事業継続年数，純資産の額などをみます。実質については企業経営，内部管理体制，情報開示などに取り組む会社の姿勢をみます。

取引所は株式を市場区分に分類します。東京証券取引所には，市場第一部，市場第二部，マザーズ，JASDAQ（スタンダード），JASDAQ（グロース），Tokyo Pro Marketの市場区分があります。図表1-6は上場の形式基準を市場区分別に示しています。俗に東証一部といわれる第一部の基準は厳しく，マザーズやJASDAQの基準は緩やかであることがわかります。

	第一部	第二部	マザーズ	JASDAQ
株主数	2,200人以上	800人以上	200人以上	200人以上
流通株式比率	35％以上	30％以上	25％以上	―
時価総額	250億円以上	20億円以上	10億円以上	5億円以上
事業継続年数	3年以上	3年以上	1年以上	―
純資産の額	10億円以上	10億円以上	―	2億円以上

図表1-6　東京証券取引所の形式基準[8]

---

[7] 金融商品取引法80条から83条の2を参照。非上場株式を取引するグリーンシートは平成30年3月末に廃止される。日本取引所傘下の大阪取引所では派生証券の取引が行われている。東京金融取引所では証拠金取引が，東京商品取引所と大阪堂島商品取引所では商品先物取引が行われている。

[8] 日本取引所グループ，上場審査基準の表から抜粋して作成。JASDAQについては上場会社数が多いスタンダードの基準を掲げた。詳細は金融商品取引法121条と122条，日本取引所グループ，上場審査基準，株式会社東京証券取引所（2016a, 2016b, 2016c）を参照。自主規制法人については金融商品取引法84条と85条を参照。

図表1-7は各市場区分に上場している会社の例です。第一部には知名度の高い大企業が多く上場しています。第二部とJASDAQにはそれほど大きくないものの，歴史の長い会社や堅実なビジネスをしている会社が上場しています。マザーズには高い成長が期待される会社が上場しています。

第一部	第二部	マザーズ	JASDAQ
トヨタ自動車	象印マホービン	そーせい	日本マクドナルド
三菱UFJ FG	帝国ホテル	CYBERDYNE	ワークマン
日本電信電話	ヨネックス	Gunosy	東映アニメーション

図表1-7　上場会社の例[9)]

図表1-8は上場会社数を市場区分別に表しています。上場会社数が最も多いのは東京証券取引所第一部です。厳しい上場基準を満たしている第一部上場会社2,006社は，日本の株式会社の頂点に立つ信頼性が最も高い会社です。

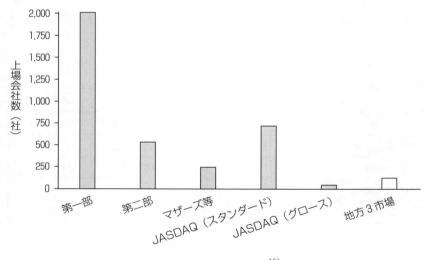

図表1-8　上場会社数[10)]

---

9) 本書執筆時点で各市場区分に上場している時価総額が大きい会社を例示した。
10) 日本取引所グループ，上場会社数から2016年末のデータを取得し作成。マザーズ等とはマザーズとTokyo Pro Marketの上場会社数の和である。地方3市場の値は札幌・名古屋・福岡の単独上場会社数の和である。森訳（2014, p.8）に「開かれた証券市場の利用によって，これら株式会社のそれぞれが投資大衆に対する義務を負う。その義務のために株式会社は，少数の個人の規範を表現する法的手段であったものから，少なくとも名目上は企業に資金を提供した投資家に奉仕する社会制度へと転化する。所有者，労働者，消費者，国家にたいする新しい責任が，かくして会社支配者の双肩にかかってくる」とある。

図表1-9の左図は株式の売買高を表しています。1980年代後半のバブル期に1営業日あたり10億株であった東京証券取引所の売買高は，バブル崩壊後の1992年に3億株まで減りました。その後は2005年の23億株まで増え，2000年代後半に停滞した後，2016年に27億株となりました。図表1-9の右図は株式の売買代金を表しています。1980年代後半のバブル期に1営業日あたり1.3兆円であった東京証券取引所の売買代金は，バブル崩壊後に1992年の2,400億円まで減りました。2000年代の後半から2010年代のはじめにかけて大幅な増減を経験した後，2016年に2.8兆円となりました。東京証券取引所の取引は，バブル最盛期の売買高の3倍，売買代金の2倍ほどになっています。

　上場会社の株式は日々盛んに売買されているので，売りたいときに売ることができます。いつでも売れる市場があると，株式に投資しやすくなります。とりわけ，売買高でみても売買代金でみても大半を占める第一部上場会社の株式は売買しやすいようです。

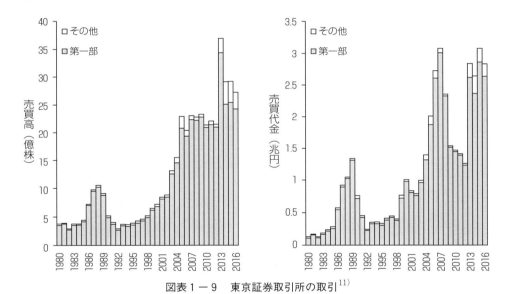

図表1-9　東京証券取引所の取引[11]

---

11) 日本取引所グループ，統計情報（株式関連），売買高・売買代金からデータを取得し作成。その他は第一部を除く東京証券取引所市場区分の売買高，売買代金を表す。統計値はToSTNeT取引分を含むことに留意する。上場株式には1日の売買高が非常に少ないものもある。取引する前に売買高と売買代金の履歴を確認する必要がある。

❹ 発行市場と流通市場

株式を売買する場には，発行市場と流通市場があります。発行市場とは，新たな株式を発行して出資を募る取引の場です。投資家が株式を購入するために払う金額は，株式を発行した会社に入金されます。会社に入金された金額は資本金などに計上されることから，発行市場で出資を募ることを増資といいます。流通市場とは，すでに発行された株式を投資家どうしで売買する取引の場です。投資家が株式を購入するために払う金額は，株式会社に入金されません。株式を売却した投資家に入金されます。

大学で講義をしていると，「株価が上がると会社に入金されるのですか」という質問を受けることがあります。流通市場で株式の価格が値上がりしても，その株式を発行した会社に入金されません。この点はわかりにくいですが，発行市場と流通市場の違いに留意して理解しましょう。

	発行市場	流通市場
売却する株式	新たに発行する株式	すでにある株式
入金先	株式会社	株式を売却した人
会社の資本金	増える	変化なし

図表1−10　発行市場と流通市場の違い

株式ニュースに「公募・売り出し」という言葉が出てくることがあります。これは，発行市場でひろく出資を募る公募をするとともに，創業者など大株主が持つ株式を流通市場で売り出すことを意味します。公募をして投資家から得た出資金は会社に入金されますが，売り出しで得た売却代金は，株式を売った大株主などに入金され，会社には入金されません。ペアで使われる公募と売り出しは意味が異なることに注意が必要です[12]。

---

12) 日本取引所グループ，有価証券上場規程施行規則230条から234条，日本取引所グループ，上場前の公募又は売出し等に関する規則を参照。公募増資の手順については佐々木（2016）の第10章を参照。

補 論　株式投資の注意点

　株式投資に興味がある人に,「近いうちに上場される未公開株を買いませんか。上場したら10倍になりますよ。値上がり確実ですよ」と言って近づいてくる人がいます。未公開株とは,金融商品取引所に上場していない会社の株式のことです[13]。売買することが非常に難しいので,甘い言葉にのせられて未公開株に手を出さないようにしましょう。

　図表1－11は国民生活センターに寄せられた相談の件数を表しています。件数は未公開株と怪しい社債ともに減ってきています。2010年1月に証券会社の協会である日本証券業協会は,金融庁,消費者庁,警視庁,金融商品取引所などと協力してこの問題に取り組むことを打ち出しました。図表をみる限り,取り組みの効果が出ているようです。私たちもリテラシーを向上させ,自衛しなければなりません。

　冷静に考えると,投資資金が10倍になる話を,私たちに持ちかける人がいるはずありません。本当に10倍になるのであれば,話を持ちかけた人がその利益を独占するはずです。株式に投資するときには,証券会社を介しましょう[14]。

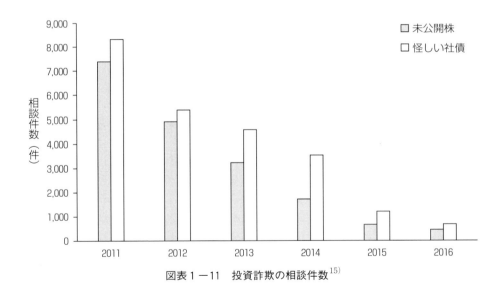

図表1－11　投資詐欺の相談件数[15]

---

13) 会社法2条は自由に譲渡できる株式がある会社を公開会社と定めている。よって,非上場の公開会社もある。しかし,日常用語で非上場会社の株式を未公開株ということがある。
14) 証券会社の従業員は法令と自主規制を守らなければならない。金融商品の販売等に関する法律,未公開株式の投資勧誘による被害防止対応連絡協議会（2010）,日本証券業協会,自主規制ウェブハンドブックを参照。
15) 独立行政法人国民生活センター,未公開株・怪しい社債からデータを取得し作成。2016年度は2017年3月末までの累計である。被害件数ではないことに留意する。

参考文献

【和書】
- 會田雅人『経済センサスから見た日本の個人企業―個人企業は218万，法人企業を含めた全体の半数以上―』統計Today, 82, 総務省統計局, 2014年。
- 江頭憲治郎『株式会社法』第6版, 有斐閣, 2015年。
- 株式会社東京証券取引所『新規上場ガイドブック2016 市場第一部・第二部編』2016年(a)。
- 株式会社東京証券取引所『新規上場ガイドブック2016 マザーズ編』2016年(b)。
- 株式会社東京証券取引所『新規上場ガイドブック2016 JASDAQ編』2016年(c)。
- 佐々木浩二『ファイナンス―資金の流れから経済を読み解く―』創成社, 2016年。
- 人事院『給与勧告の仕組みと本年の勧告のポイント』2014年。
- 未公開株式の投資勧誘による被害防止対応連絡協議会『「未公開株式の投資勧誘による被害防止に向けた具体的な方策について」報告書』日本証券業協会，2010年。

【訳書】
- Berle Jr., Adolf Augustus, and Gardiner Coit Means著, 森杲訳『現代株式会社と私有財産』北海道大学出版会, 2014年。

Reading List

- 中村直人『株主総会ハンドブック』第3版, 商事法務, 2015年。
- 日本証券業協会『サクサクわかる！資産運用と証券投資スタートブック』2016年。
- 樋口達・桕田由貴・小松真理子『株主還元の実態調査―配当，自己株式の取得・処理，株主優待―』別冊商事法務, 410, 2016年。
- 別冊商事法務編集部編『平成28年版　株主総会日程』別冊商事法務, 401, 2015年。
- Coase, Ronald Harry, 1937, The Nature of the Firm, Economica, New Series, 4, 16, 386-405.
- Coase, Ronald Harry, 1960, The Problem of Social Cost, Journal of Law and Economics, 3, 1-44.

第 2 章

個人投資家増加の背景

　図表2－1は個人投資家数と株価指数を表しています。棒グラフで示した個人株主の延べ数は1996年度の2,737万人から2015年度の4,945万人へ増えています。一方，折れ線グラフで示した株価指数は，730ポイントから1,730ポイントのあいだを上下しています。個人投資家数と株価のうごきに強い関係はみられません。

　では，個人投資家が増えてきたのはなぜでしょうか。本章では投資単位の引き下げ，売買委託手数料の自由化，低金利に注目して説明します。

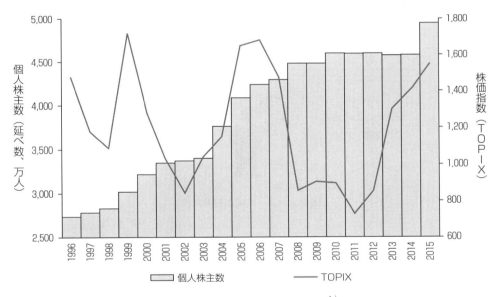

図表2－1　個人投資家数と株価[1]

---

1) 全国証券取引所，株式分布状況調査，東京証券取引所，TOPIX（東証株価指数），指数値の推移からデータを取得し作成。個人株主数は調査年度内の最終決算日における株主数を合計したものであり，TOPIXの値は年末値である。全国証券取引所，株式分布状況調査，調査要綱によれば，1人の投資家が2銘柄の株式を保有するとき，株主数は2となる。これらの点に留意する。日本証券業協会，全国証券会社主要勘定及び顧客口座数等によれば，2016年12月現在で保護預り残高がある個人投資家の口座数は2,354万であった。

1 投資単位の引き下げ

株式を購入するのに必要な金額を投資単位といいます。投資単位は次式によって表されます。

$$投資単位 = 1 株株価 \times 売買単位$$

1株株価とは株式ニュースなどで報じられる株価です。売買単位とは，取引所でひとかたまりに売買できる株式の数です[2]。売買単位が100株である株式は100株，500株，1,000株をひとかたまりに売買できますが，50株，230株をひとかたまりに売買できません。

資金に乏しい個人投資家は，投資単位が大きい株式を買うことが困難です。たとえば，ヤフー株式会社の株式の投資単位は，1997年の上場時に200万円ほどでしたが，IT関連企業の人気が高まった2000年には1億6,000万円に達しました[3]。当時のヤフーがどれほど魅力的であっても，1億円をゆうに超える投資資金を用意できた人は少なかったはずです。

図表2－2　高額な投資単位

魅力ある会社に投資できないという問題を解消するために，全国の取引所は投資単位の引き下げに取り組んできました。望ましい投資単位を，多くの人が投資できるように，5万円から50万円と定めました[4]。50万円以内で買えるのであれば，株式は私たちに身近な投資対象となります。高い投資単位を引き下げるには，売買単位を引き下げるか，1株株価を引き下げるかしなければなりません。

2）売買単位と単元株式数の関係は東京証券取引所,業務規程15条を参照。
3）売買単位は1株であった。1取引日あたりの売買高は1株から80株であった。極端に低い流動性が株価を押し上げたものと思われる。
4）東京証券取引所,有価証券上場規程409条と445条を参照。

『ふじっ子煮』などの加工食品で知られるフジッコ株式会社は、売買単位をくくり直して投資単位を引き下げた会社の例です。フジッコは、2015年7月31日に売買単位を1,000株から100株へ変更すると発表しました[5]。このくくり直しによって、投資単位は260万円から26万円になりました。投資単位が10分の1になったことを反映して、個人投資家は4,249人から6,373人へ増えました[6]。

　投資単位が引き下げられたことによって、株式の売買は活発になりました。図表2－3はくくり直しのアナウンス前後に売買された株数を表しています。くくり直し公表前と後を比べると、売買高は月平均80万株から138万株に増えています。興味深いことに、効力が発生する9月からではなく、情報が公表された8月から売買高が増えています。売買高はさまざまな要因で増減しますが、個人投資家が増えたことは売買高が増えた理由の1つと考えられます。

　全国の取引所は、売買単位を100株にくくり直すことを求めてきました。東京証券取引所に上場している会社の株式については、2018年10月までに売買単位が100株に統一されます[7]。

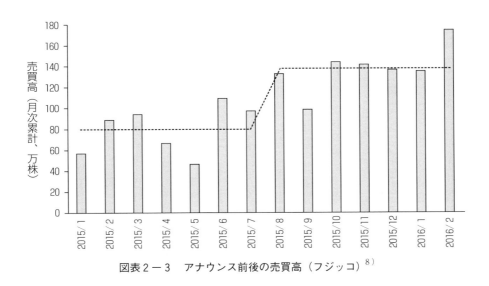

図表2－3　アナウンス前後の売買高（フジッコ）[8]

---

5) フジッコ株式会社, 単元株式数の変更及び定款の一部変更に関するお知らせ（2015年7月31日）を参照。
6) 東京証券取引所, 株式分布状況調査からデータを取得。
7) 東京証券取引所, 有価証券上場規程205条と427条の2, 株式会社東京証券取引所（2006, p.6, 2016a, 2016b, 2016c）, 全国証券取引所（2007, 2015）を参照。
8) 日経NEEDS Financial Questからデータを取得し作成。点線は平均売買高の変化を表す。2015年8月に中国株式市場が暴落したことも売買高に影響を与えたと考えられる。

売買単位が100株であっても，1株株価が高いために投資単位が大きい株式があります。そのような株式は分割して投資単位を引き下げます。株式分割とは，出資者としての地位である株式を細分化することです。

　『銀だこ』というたこ焼きチェーン店で知られる株式会社ホットランドは，株式を分割して投資単位を引き下げた会社の例です。ホットランドは，2015年9月4日に1株につき2株の割合で株式を分割すると発表しました。これは，基準日である9月30日の株主の保有株式数を倍増させることを意味します。基準日に100株保有する株主は株式分割後200株保有することになります[9]。

　会社全体では，発行済株式総数が914万7,200から1,829万4,400へ倍増しました。株主の権利を反映する株式の数が倍増するのですから，1株あたりの価値は薄まり半減します。権利付最終売買日の2015年9月25日の終値は3,280円でしたが，権利落後の取引初日となった9月28日の始値は1,586円となりました。株価は株式分割を反映しておおよそ半値になりました。

　投資単位が引き下げられたことによって，株式の売買は活発になりました。図表2－4は株式分割前後の売買高を表しています。株式分割の公表前と後を比べると，売買高は月平均71万株から195万株へ増えています。興味深いことに，フジッコの例とおなじように，効力が発生する10月からではなく，情報が公表された9月から出来高が増えています。

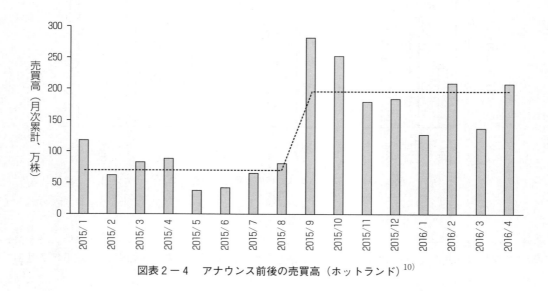

図表2－4　アナウンス前後の売買高（ホットランド）[10]

---

9) 株式会社ホットランド，株式分割及び定款の一部変更並びに株主優待制度の実質拡充等に関するお知らせ（2015年9月4日）を参照。
10) 日経NEEDS Financial Questからデータを取得し作成。

図表2－5は，個人株主数と投資単位を引き下げた会社数の累計を示しています。グラフから，3,500社あまりの上場会社のうち3,000社ほどが投資単位を引き下げたことがわかります。この努力の成果は，個人投資家の増加となってあらわれたようです[11]。

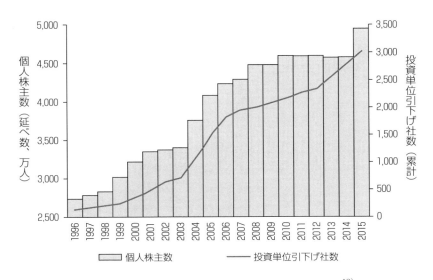

図表2－5　個人投資家数と投資単位引下げ会社累計[12]

2　売買委託手数料の自由化

　私たちは上場会社の株式を直接売買できません。取引所の総合取引参加者を介して株式を売買します。総合取引参加者とは，投資家の注文を取り次ぐ証券会社などのことです。東京証券取引所に上場している株式を売買するには，93社ある総合取引参加者のいずれかを介さなければなりません[13]。

　注文を取り次いでもらうために，投資家は株式を買うときも売るときも総合取引参加者に手数料を払います。これを売買委託手数料といいます。手数料は長く規制下にあり，自由に決められませんでした。

　1990年代後半に実施された金融自由化により，手数料は段階的に自由化されました。1999年に完全自由化されると，手数料を自由化前の5分の1ほどに引き下げた無店舗型

---

11) 日本取引所グループ，売買単位の統一，統一に関するQ&AのQ3を参照。
12) 東京証券取引所，株式分布状況調査からデータを取得し作成。
13) 日本取引所グループ，取引参加者一覧からデータを取得。金融商品取引法110条から117条，商法551条を参照。

のネット証券会社が生まれました[14]。ネット証券が生まれて間もない頃には大規模なシステムトラブルが何度か起きましたが，近年は取引が集中する時間帯にもスムーズに注文が取り次がれています[15]。

　図表2－6は個人株主数とネット証券の口座数を表しています。2015年の値をみると，ネット証券の口座数は2,000万を超えています。1999年から2015年に個人株主も2,000万人増えています。2000年代から参入した個人投資家の多くは手数料が安く，手軽に注文を出せるネット証券を利用しているようです。

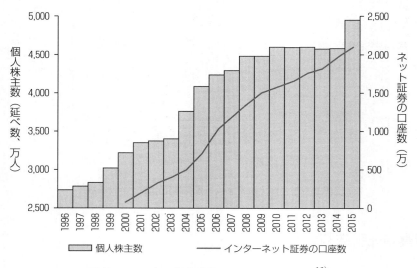

図表2－6　個人投資家数とネット証券口座数[16]

　図表2－7は証券業界の手数料収入を表しています。1社あたりの手数料収入を示す左図をみると，1990年の110億円から1993年の29億円へ減った後，相場の繁閑を反映して15億円から50億円のあいだを上下しています。図表1－9が示すようにバブル期と比べて売買高で3倍，売買代金で2倍になっても，手数料収入は3分の1ほどにとどまっています。営業収益に対する手数料の比率を表す右図をみると，比率は下がってきていることがわかります。証券会社は，売買委託手数料の代わりに投資信託の販売手数料や自己勘定売買を収益の柱に据えるようになりました。

---

14) 日本証券業協会，「株式売買委託手数料調査」の調査結果について（2000年から2003年にかけて4度実施）を参照。
15) 日本証券業協会，インターネット取引に係るシステム障害件数を参照。2017年8月25日に大規模なネットワーク障害が発生した。
16) 東京証券取引所，株式分布状況調査からデータを取得し作成。

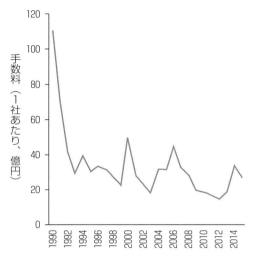

図表2−7　手数料[17]

❸ 低金利

　銀行預金の金利は利息の額を決めます。金利が高いときには利息を多くもらえますが，金利が低いときには利息を少ししかもらえません。

　数値例を用いてこのことを確認しましょう。1,000万円以上をまとめて定期にすることを大口定期といいます。本書執筆時に大口定期の金利を調べたところ，メガバンクは0.01％，大手の信託銀行は0.1％，無店舗型のネット銀行は0.2％を提示していました。ここでは，大手信託銀行の金利0.1％で1,000万円を2年間複利運用することを考えます。

　運用機会の全体像を表す次ページの図表2−8をタイムラインといいます。左から右へ伸びる矢印は時間の流れを表します。{0, 1, 2}という区切りは，運用をはじめる時点，運用をはじめてから1期間が終了した時点，運用をはじめてから2期間が終了した時点を表します。この例では1期間を1年と設定していますので，0は1,000万円を銀行に預ける時点，1は銀行に預けてから1年経過した時点，2は銀行に預けてから2年経過した満期を表します。0の下にある−1,000万円は，銀行に預け入れる金額です。このような，金融商品に投ずる資金の流れをキャッシュ・アウトフローといいます。反対に，運用から得る収入や元本の償還，金融商品の売却などによって手元に入るお金の流れをキャッシュ・インフローといいます。期中に掲げている0.1％は金利です。

---

[17]　日本証券業協会，会員の決算概況，日本証券業協会，FACT BOOKからデータを取得し作成。2006年以降の手数料は社債等の手数料を含むことに留意する。

この例では、キャッシュフローが発生する時点ははじめとおわりの2時点ですが、実際に運用する際には資金の出入りが多くあります。複雑な状況を適切に理解するのに、タイムラインは助けとなります。

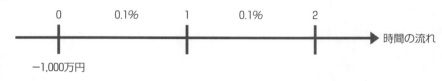

図表2－8　タイムライン（預入時点）[18]

1年後、預金の残高は預け入れた金額と運用益の和となります。すなわち

$$FV_{1年後} = 預入額 + 運用益$$

運用益は預け入れた1,000万円と金利0.1％の積です。すると

$$\begin{aligned} FV_{1年後} &= 預入額 + 預入額 \times 金利 \\ &= 1{,}000万円 + 1{,}000万円 \times 0.1\% \\ &= 1{,}000万円 + 1万円 \\ &= 1{,}001万円 \end{aligned}$$

銀行に預けた1,000万円は、1年後1,001万円になりました。

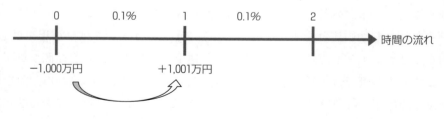

図表2－9　タイムライン（1年後）

つづいて2年目の運用をみます。複利運用では前期終了時の残高すべてを次期に再投資します。この例では、1年後の残高1,001万円のすべてを2年目に再投資します。すると、2年後の預金残高は次のように計算されます。

---

18) この例は、低金利の下では運用益が少ないことを表すためのものである。日本の商慣行では1期間半年であること、預金の利息は単利で計算される場合もあること、利息に税金が課されることなどから、利息計算の実際は例と異なることに留意する。

$$FV_{2\text{年後}} = 預入額 + 預入額 \times 金利$$
$$= 1{,}001万円 + 1{,}001万円 \times 0.1\%$$
$$= 1{,}001万円 + 10{,}010円$$
$$= 1{,}002万10円$$

満期の時点で，預金通帳の残高は1,002万10円になりました。

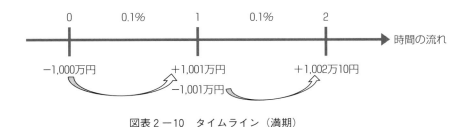

図表2－10　タイムライン（満期）

ここで，$FV_{2\text{年後}}$の式を少し変形します。

$$FV_{2\text{年後}} = 1{,}001万円 + 1{,}001万円 \times 0.1\%$$
$$= 1{,}001万円 \times (1 + 0.1\%)$$

右辺の1,001万円は，当初の預入額1,000万円と1年目の運用益1万円の和です。これを式に反映させて少し変形すると

$$FV_{2\text{年後}} = (1{,}000万円 + 1{,}000万円 \times 0.1\%) \times (1 + 0.1\%)$$
$$= 1{,}000万円 \times (1 + 0.1\%) \times (1 + 0.1\%)$$
$$= 1{,}000万円 \times (1 + 0.1\%)^2$$

得られた式を記号で表すと

$$FV_T = PV \times (1+R)^T$$

式中のFV_Tは運用結果，PVは運用する資金，Rは金利，Tは運用する期間の数です[19]。この式を用いると，複利で運用して資金を2倍にするのにかかる期間を求めることができます。運用結果が運用資金の2倍になることは，$FV_T = 2 \times PV$と表されます。上式の左辺にこれを代入すると

$$2 \times PV = PV \times (1+R)^T$$

---

19) PV円を金利RでT期間複利運用して得られる未来価値は，この式で計算する。

両辺にある PV を消去し、自然対数をとると[20]

$$ln(2) = ln\{(1+R)^T\}$$

Tについて解くと

$$ln(2) = T \times ln(1+R)$$

$$T = \frac{ln(2)}{ln(1+R)}$$

複利で運用して資金を2倍にするのにかかる期間はこの式から計算されます。しかし、私たちの多くは自然対数について詳しく知りませんし、自然対数を計算できる電卓が手元にないこともあります。そのようなときには、下式のように T の値を近似する「72の法則」を用います。

$$T = \frac{ln(2)}{ln(1+R)} \approx \frac{72}{100 \times R}$$

図表2－11は、1年複利で資金が2倍になるのにかかる期間について、自然対数を用いて計算した値と72の法則で近似した値を比べています。72の法則は自然対数を用いた計算結果をよく近似することがわかります。たとえば、金利が4％であるとき資金を2倍にするのにかかる期間を自然対数の式で求めるとおおよそ17.7年、72の法則の近似式で求めると $72 \div (100 \times 4\%) = 18$ 年です。

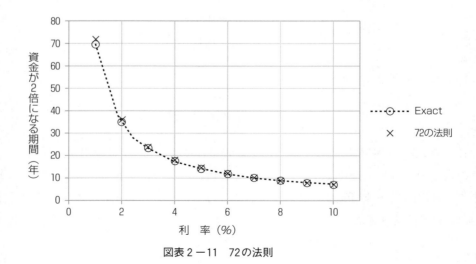

図表2－11　72の法則

---

20) 式中の「ln」は自然対数を表す。

金利が0.1％であるとき，資金が2倍になるのにかかる期間は，自然対数の式で求めるとおおよそ693年，72の法則の近似式で求めると 72÷(100×0.1％) ＝ 720年です。資金が2倍になるまで700年も待てる人はいません。資金を一定以上の速さで殖やしたい人は，よりよい運用機会を求めることになります。その1つは株式です。

図表2－12は個人株主数と預金金利を示しています。1990年代後半から2000年代はじめにかけて，金利が下がるにしたがい個人株主数は増えています。1990年代後半に個人株主数が増えた理由の1つは，低金利にあるとみてもよさそうです。

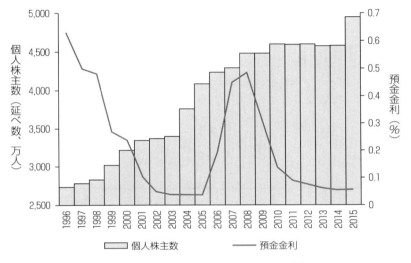

図表2－12　個人投資家数と預金金利[21]

---

21) 東京証券取引所，株式分布状況調査，日本銀行，時系列統計データ検索サイトからデータを取得し作成。預金金利は満期までの期間が1～2年の大口定期の預金の利率である。

補論 1　ライブドアの影響

　10年ほど前に話題となったライブドアという会社があります。ネット関連ビジネスを営んでいたこの会社は，プロ野球近鉄バファローズの買収を名乗りでたり，放送と通信の融合を掲げてニッポン放送の買収を提案したり，社長が衆議院の選挙に立候補したりと毎日のようにマスコミを賑わせていました。

　この会社の株式は証券業界で物議を醸していました。株式分割を繰り返し，単元数が爆発的に増えていたのです。図表2－13はライブドア株式の単元数を表しています。平成15年度に44万単位であった単元数が，わずか2年後の平成17年度に10億単位を超えました。2年度のあいだに単元数が2,400倍ほどになりました。これを反映して，ライブドア株式の単元数は全上場会社の単元数の4割を超えました。

　当時「500円で買える株」として注目され，小学生くらいの子供が「ぼくも株を買いたい」と話す映像がテレビに映し出されていました。個人投資家がこぞって買う株の1つでした。

	ライブドアの単元数	全上場会社の単元数の総数	ライブドアの単元数の比率
平成15年度	436,080	968,985,621	0.05%
平成16年度	606,338,627	1,784,344,591	33.98%
平成17年度	1,049,138,666	2,402,010,598	43.68%

図表2－13　ライブドア株式の単元数[22]

　2006年にライブドアの不祥事が発覚すると事態は急変します。突如明るみに出た不祥事に慌てふためいた個人投資家が，株式を一斉に投げ売りしたのです。売り圧力は，東京証券取引所の取引システムの処理能力を超えるほど凄まじいものでした[23]。ライブドアはその後上場廃止となり，社長は逮捕されました。

　この事件の後，株式市場にも起業家にも，どこか後ろ暗いイメージがついてしまいました。あの熱気がより正しい方向へ向けられていたら，と思うと大変残念なことでありました。

---

22) 東京証券取引所，2006年度株式分布状況調査，※本資料の利用に際しての留意点の表をもとに作成。表中の単元数は売買単位の数を表す。
23) 東京証券取引所，記者会見要旨（平成18年1月18日午後1時30分～午後2時，平成18年1月18日午後7時00分～午後7時30分，平成18年3月13日）を参照。

補論2　世界の取引所

　本文では日本の取引所について説明しました。ここでは世界の株式取引所についてみることにします。図表2−14は世界の取引所の規模を表しています。

　左図は取引所の規模を時価総額で表しています。時価総額とは全上場会社の株式数と株価を掛け合わせたものです。時価総額が多い順に並べると，最多は米国の代表的な取引所であるニューヨーク証券取引所（NYSE），つづいて米国の先進企業が上場しているNasdaq，その次が日本取引所（JPX）です。経済成長が著しい中国には上海や深圳に株式市場がありますが，上海と深圳の時価総額を合わせると日本取引所を上回ります。LSEは英国の取引所であり，Euronextは欧州にある複数の国の取引所の連合体です。

　右図は取引所の規模を上場会社数で表しています。上場会社数が多い順にみると，インドの取引所であるボンベイ証券取引所（BSE）の次に日本取引所が位置しています。世界的にみても日本取引所の上場会社数は多いようです。BMEはスペインの取引所，TMXはカナダの取引所です。米国と英国の取引所には外国企業が多く上場しています。

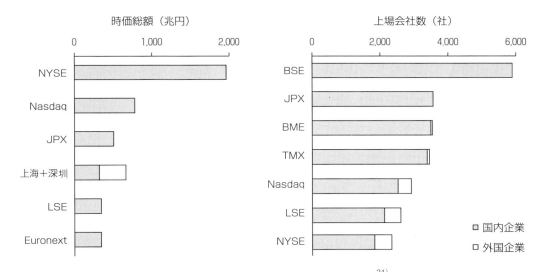

図表2−14　取引所の時価総額と上場会社数[24]

---

24) World Federation of Exchange, Monthly Reportsから2016年12月のデータを取得し作成。左図は100万ドル単位の統計値を1ドル100円で円換算したものである。

参考文献

- 株式会社東京証券取引所『上場制度総合整備プログラム』2006年。
- 株式会社東京証券取引所『新規上場ガイドブック2016 市場第一部・第二部編』2016年(a)。
- 株式会社東京証券取引所『新規上場ガイドブック2016 マザーズ編』2016年(b)。
- 株式会社東京証券取引所『新規上場ガイドブック2016 JASDAQ編』2016年(c)。
- 全国証券取引所『売買単位の集約に向けた行動計画』2007年。
- 全国証券取引所『売買単位の100株への移行期限の決定について』2015年。

Reading List

- 大崎貞和『「ライブドア・ショック」と日本の株式市場の課題』金融・資本市場制度改革の潮流, 資本市場クォータリー, 9, 4, 20-30, 2006年。
- 株式会社東京証券取引所・株式会社名古屋証券取引所・証券会員法人福岡証券取引所・証券会員法人札幌証券取引所『売買単位の統一に関するアンケート結果』2015年。
- 日本証券業協会『インターネット取引に関する調査結果（平成28年9月末）について』2016年。
- Bogan, Vicki, 2008, Stock Market Participation and the Internet, Journal of Financial and Quantitative Analysis, 43, 1, 191-211.
- Byun, Jinho, and Michael S. Rozeff, 2003, Long-Run Performance after Stock Splits: 1927 to 1996, Journal of Finance, 58, 3, 1063-1085.
- Copeland, Thomas E., 1979, Liquidity Changes Following Stock Splits, Journal of Finance, 34, 1, 115-141.
- Easley, David, Maureen O'Hara, and Gideon Saar, 2001, How Stock Splits Affect Trading: A Microstructure Approach, Journal of Financial and Quantitative Analysis, 36, 1, 25-51.
- Lakonishok, Josef, and Baruch Lev, 1987, Stock Splits and Stock Dividends: Why, Who, and When, Journal of Finance, 42, 4, 913-932.
- Peress, Joel, 2005, Information vs. Entry Costs: What Explains U.S. Stock Market Evolution?, Journal of Financial and Quantitative Analysis, 40, 3, 563-594.

第3章

株式の売買

　前章で個人投資家が増えてきたことを学びました。本章では株式を売買する手順について説明します。

❶ 証券口座の開設

　前章で学んだように，私たちは上場会社の株式を直接売買できません。総合取引参加者を介して株式を売買します。総合取引参加者とは，取引所に売買の注文を出すことができる証券会社などのことです。総合取引参加者になるには，日本取引所が定める財務基盤などの形式基準とコンプライアンスなどの実質基準を満たす必要があります。取引所の審査を通過しなければ総合取引参加者になれませんので，私たちは安心して取引参加者に株式の売買を委託できます[1]。

　投資家は，売買委託手数料，情報の量と質，入出金の容易さなどをみて総合取引参加者を選びます。利益機会のひろさを決める手数料は，取引参加者を選ぶ重要な基準です。たとえば，株式を100万円で買い，102万円で売ることができたとしましょう。この売買を手数料が1万円である取引参加者に取り次いでもらうと，手数料を引いた後に残る利益は0になります。

図表3－1　手数料が1万円の場合

1）形式基準と実質基準は日本取引所グループ，取引参加者，取引資格の取得を参照。総合取引参加者の区分の他に先物等を取引する先物取引等取引参加者，国債先物等を取引する国債先物等取引参加者がある。登録金融機関については金融商品取引法33条の2を，取引所取引許可業者については金融商品取引法60条1項を参照。

手数料が500円である取引参加者におなじ売買を取り次いでもらうと、手数料を引いた後に残る利益は19,000円になります。利益機会をひろげたい投資家は、手数料が安い取引参加者を選びます。

図表3－2　手数料が500円の場合[2]

　提供される情報の量と質も取引参加者を選ぶ基準となります。株式に投資するには、マクロ経済、金融、法律、会計、税制などの知識が必要です。これらの知識を十分に持たない人はていねいな助言を受けられる取引参加者を、知識が豊富な人は簡潔な助言を受けられる取引参加者を選びます。

　もう1つ、入出金の手数料も取引参加者を選ぶ基準となります。証券口座にある資金を買い物などにつかうには、多くの場合、資金を銀行口座へ移さなければなりません。銀行口座へ移すときに手数料がかかると、その分だけ買い物につかえるお金は減ります。頻繁に資金を出し入れする投資家は、入出金の手数料が安い取引参加者を選びます。

　利用する証券会社が決まったら、証券口座の開設を申請します。証券口座とは、株式の購入資金と保有株式を管理するためのものです。口座がないと株式の売買をすることができませんので、投資をはじめる前に口座を開きます。口座の開設を申請する際には、氏名、年齢、住所など基礎的なことから、勤務先、年収など踏み込んだ情報まで記します。申請を受けた証券会社は、記入事項に間違いがないか確認し、証券を取引するのに十分な信用のある人か審査します。審査を無事通過すると口座を開設できる旨証券会社から連絡があります[3]。

　口座が開設されたら、銀行口座から証券口座へ資金を振り込みます。店舗を持たないネット証券は、ネット上で入金の手続きをすることがあります。証券口座の残高は、購入したい株式の投資単位と手数料を合わせた額を超えていなければなりません。十分な資金を入金しましょう。

---

[2] 手数料控除後のキャピタルゲインに税が課される（国税庁、タックスアンサー、株式投資と税金、No.1463、株式等を譲渡したときの課税（申告分離課税））。本書執筆時点の税率は20.315%であった。

[3] 日本版少額投資非課税制度（NISA）を利用するには専用の口座を開く必要がある。

2 株式購入前の確認事項

　株式を購入する前に最低限確認すべき証券コードと取引の継続性について説明します。上場会社には4桁の番号が付されています。これを証券コードといいます。上場会社には似た名称を持つ会社があります。たとえば，図表3－3の左の2社はいずれも「さむこ」と読みます。右の2社は漢字1文字だけ異なります。上の会社は「にっぽんせいこう」，下の会社は「にほんせいこう」と読みます。こうしたまぎらわしい名称を持つ会社を判別するのに証券コードは欠かせません。投資する前に必ず証券コードを確認しましょう。

証券コード	会社名	証券コード	会社名
3436	（株）SUMCO	6471	日本精工（株）
6387	サムコ（株）	5729	日本精鉱（株）

図表3－3　上場会社の名称と証券コード[4]

　取引の継続性とは，投資の期間中に投資先の会社が上場廃止にならず，株式を売買できる状態が続くことです。上場会社の数は3,500を超えており，そのうち少なくとも500社の株式は活発に売買されています[5]。私たちは活発に取引されている株式に投資すべきです。図表3－4は2016年12月の売買代金が高い会社を示しています。表に掲げた会社の株式は，はじめて投資する人にとって有力な選択肢となります。

順位	企業名	コード	業種
1	三菱UFJ FG	8306	銀行業
2	ソフトバンクG	9984	情報・通信
3	トヨタ自動車	7203	輸送用機器
4	任天堂	7974	その他製品
9	ファーストリテイリング	9983	小売業

図表3－4　売買代金上位の株式（2016年12月）[6]

4）証券コード協議会は4桁の固有名コードと5桁の新コードを定めている。ここでは4桁のコードを用いる。証券コード協議会（2009）を参照。
5）日本取引所グループ，東証規模別株価指数・TOPIXニューインデックスシリーズ，TOPIX500の説明を参照。
6）日本取引所グループ，統計情報（株式関連），その他統計資料，売買代金順位表（内国株式）（月間）からデータを取得し，業種別に順位が最も高い銘柄を選んで掲示した。

取引の継続性がはっきりしない会社は監理銘柄に指定され，上場廃止が決まった会社は整理銘柄に指定されます。日本取引所グループウェブサイトの「整理・監理銘柄一覧」をみて，投資したい会社が監理銘柄や整理銘柄に指定されていないことを確かめましょう。倒産がうわさされる会社や，吸収合併される予定の会社，基準を満たせず上場廃止に追い込まれそうな会社の株式は買わないようにしましょう[7]。

❸ 注文の提出と執行

取引所で株式の売買ができる時間帯を売買立会時といいます。図表3－5は東京証券取引所の売買立会時を表しています。取引は午前と午後に分かれています。午前の取引時間帯のことを午前立会（前場），午後の取引時間帯のことを午後立会（後場）といいます。前場は9時から11時30分まで，後場は12時30分から15時までです。前場がはじまる9時と後場がはじまる12時30分を寄り付き，前場がおわる11時30分と後場がおわる15時を引けといいます。それ以外の時間帯をザラバといいます。

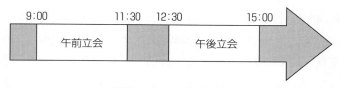

図表3－5　売買立会時

東京証券取引所の取引執行システムは，前場は8時から，後場は12時から注文を受け付けます。注文にはいくつかのタイプがありますが，代表的なものは成行注文と指値注文です。成行注文とは取引したい株式と株数を明示した注文であり，指値注文とは取引したい株式，株数，価格を明示した注文です。成行注文は取引を急いで成立させることを重視した注文であり，指値注文は適切な価格で取引を成立させることを重視した注文です。どちらのタイプの注文を出すかは，投資家が重視する事柄によります。

	銘柄	株数	価格	重視すること
成行注文	○	○	－	取引の成立
指値注文	○	○	○	取引の価格

図表3－6　注文の種類[8]

7）詳細は本書第11章を参照。
8）注文するとき指定する項目に○をつけた。

提出された注文は時間帯によって異なる方式で執行されます。寄り付きと引けでは板寄せ方式で，ザラバではザラバ方式で執行されます。

板寄せ方式では4つの原則にしたがい注文を執行します。4つの原則とは，①成行注文をすべて執行する；②買い指値注文は高い価格に提出された注文から執行する；③売り指値注文は低い価格に提出された注文から執行する；④執行価格にある買い指値注文，売り指値注文のいずれかすべてを執行する，の4つです。

①は，価格がいくらであってもすぐに取引を成立させたいという成行注文を最優先で執行するという原則です。②と③は，買い手にとって不利な高い価格に提出された注文，売り手にとって不利な低い価格に提出された注文から優先的に執行するという原則です。④は，板寄せ方式でどこまで注文を執行するのかを明確にする原則です。

原則が4つもあると理解しづらいので，数値例を用いて説明します。寄り付き直前に注文のようすが図表3－7のようであったとしましょう。このような注文表のことを「板」といいます。まず，原則①を適用して成行注文すべてを執行させます。成行の売り注文は600株，買い注文は400株あります。これらをつけ合わせると，400株の取引が成立します。

売り注文	価　格	買い注文
600	成　行	400
800	502	100
2,000	501	700
400	500	1,000
200	499	800
400	498	3,000

図表3－7　板寄せ方式（執行前）[9]

次ページの図表3－8は400株の取引を成立させた後の板のようすを表しています。つづいて，原則①とともに原則②と原則③を用います。売り注文に注目すると，成行注文が200株残り，最も低い498円に提出された注文は400株，つづいて低い499円に提出された注文は200株であることがわかります。買い注文に注目すると，最も高い502円に提出された注文は100株，つづいて高い501円に提出された注文は700株であることがわかります。これらの売り注文と買い注文をつけ合わせて，新たに800株の取引を成立させます。

---

9) Tokyo Stock Exchange（2015, pp.19-23）を参照して作成。日本取引所グループ，板寄せ方式における約定値段決定方法も参照。売買中断後の取引再開時，特別気配・連続約定気配の表示時にも板寄せ方式が用いられる。

売り注文	価格	買い注文
200	成行	
800	502	100
2,000	501	700
400	500	1,000
200	499	800
400	498	3,000

図表3−8　板寄せ方式（400株成立後）

　図表3−9は800株の取引を成立させた後の板のようすを表しています。さいごに原則④を用います。500円の価格に400株の売り注文と1,000株の買い注文があります。これらをつけ合わせて400株の取引を成立させます。

売り注文	価格	買い注文
	成行	
800	502	
2,000	501	
400	500	1,000
	499	800
	498	3,000

図表3−9　板寄せ方式（1,200株成立後）

　図表3−10は注文執行後の板のようすを表しています。この寄り付きでは，価格500円で1,600株の注文が執行されます。

売り注文	価格	買い注文
	成行	
800	502	
2,000	501	
	500	600
	499	800
	498	3,000

図表3−10　板寄せ方式（寄り付き直後）

ザラバ方式でも4つの原則にしたがい注文を執行します。4つの原則とは，①成行注文を最優先で執行する；②買い指値注文は高い価格に提出された注文から執行する；③売り指値注文は低い価格に提出された注文から執行する；④同一価格に提出された指値注文が複数あるときには，早い時刻に提出された注文から執行する，の4つです。

寄り付き後に板のようすが図表3－10のとおりであるとしましょう。この直後に200株の買い成行注文が提出されると，板のようすは図表3－11のようになります。

原則①にしたがい，この成行買い注文は最優先で執行します。つけ合わせるのは，最も低い501円にある売り注文です。501円にある2,000株のうち，執行されるのは200株です。執行後，図表3－12のように，501円に売り注文が1,800株残ります。

売り注文	価　格	買い注文
	成　行	200
800	502	
2,000	501	
	500	600
	499	800
	498	3,000

図表3－11　ザラバ方式（買い成行注文）[10]

つづいて，図表3－12のように，498円に1,000株の売り指値注文が提出されました。この注文は，まず最も高い500円にある600株の買い注文とつけ合わせます。1,000株のうち，600株は500円で執行されます。残りの400株は499円にある800株の買い注文とつけ合わせて執行されます。

売り注文	価　格	買い注文
	成　行	
800	502	
1,800	501	
	500	600
	499	800
1,000	498	3,000

図表3－12　ザラバ方式（売り指値注文）

---

[10] Tokyo Stock Exchange（2015, pp.24-25）を参照して作成。

執行後の板のようすは図表3－13のようになります。ザラバ方式では，1つの注文が複数の価格で執行されることがあります。

売り注文	価　格	買い注文
	成　行	
800	502	
1,800	501	
	500	
	499	400
	498	3,000

図表3－13　ザラバ方式（注文執行後）

　注文の受付から執行まで，arrowheadというシステムが高速で処理します。このシステムは2015年9月24日にリニューアルされ，注文応答時間0.5ミリ秒未満，情報配信時間1ミリ秒未満，1営業日の注文件数2億7,000万件を実現しました[11]。1営業日の平均出来高27億株，平均売買代金2兆8,000億円という膨大な注文の執行はarrowhead抜きに語れません[12]。

　arrowheadが稼働したことを受けて，注文の高速処理システムを導入する総合取引参加者が増えてきました。時間優先の原則がある市場において，他の投資家より1,000分の1秒でも先んずるには，注文の伝達速度が速くなければなりません。東京証券取引所は，総合取引参加者のサーバーを東証の処理システム近くに配置するコロケーションというサービスを提供してこの需要に応えています[13]。

　今後もアルゴリズムや人工知能（AI）を駆使した高速取引が増えると予想されます。私たち生身の投資家は，投資戦略を熟慮する必要があるようです[14]。

---

11) 富士通株式会社，東証の株式売買システム「arrowhead」をリニューアル より安心できるマーケットを目指して（2015年9月24日プレスリリース）から情報を取得。ミリ秒とは1,000分の1秒のことである。
12) 日本取引所グループ，統計月報から2016年のデータを取得。
13) 平成28年5月13日開催の金融庁金融審議会「市場ワーキング・グループ」（第1回）の資料2を参照。
14) 永野訳（2015），Easley et al.（2012），Foucault et al.（2013），Kirilenko and Lo（2013）を参照。

補論　立会外の取引

　本文では売買立会時に取引所で株式を売買すると説明しました。しかし，売買立会時に大量の株式を一度に売買すると，企業の業績や経済の動向を反映しない形で株価が急騰したり暴落したりすることがあります。こうした株価の乱高下を避けるために，株式を大量に保有するファンドどうしで株式を売買するときや，大株主が株式を大量に売り出すときには立会の外で取引するようにしています。

　図表3－14は，2016年12月に実施された立会外の大口取引の例です。12月29日にトヨタ自動車の株が1株6,838円で845,500株売買されました。売買代金にすると57億8,000万円になります。このような巨額の売買を立会内で行うと，株価が乱高下してしまいます。それを避けるためにToSTNeTという大口取引専用の場で売買されました。12月22日にプラザクリエイトという会社は自社の株式を1株312円で240万株買い付けました。この取引も株価の乱高下を避けるためにToSTNeTで行われました。一般投資家からひろく買い付けたため，立会取引の株価はその後一時的に上下しましたが，2017年1月中旬には落ち着きを取り戻しました。12月16日に鎌倉新書の大株主は1株965円で401,000株を売り出しました。この取引はToSTNeTではなく立会外分売で行われました。売出しの後，立会取引に目立った変化はみられませんでした。

　ToSTNeTや立会外分売で株式が売買されると，株主の構成が大幅に変わることがあります。株式を長期間保有する投資家は注意が必要です。

会社名	トヨタ自動車	プラザクリエイト	鎌倉新書
取引約定日	2016年12月29日	2016年12月22日	2016年12月16日
取引の場	ToSTNeT	ToSTNeT	立会外分売
約定売買高	845,500株	2,400,000株	401,000株
約定価格	6,838円	312円	965円
市場価格	6,838円	311円	985円

図表3－14　立会外取引（2016年12月）[15]

---

15) 日本取引所グループ，ToSTNeT取引 超大口約定情報，立会外分売情報，自己株式立会外買付取引情報から1例ずつ抽出して作成。ToSTNeT取引については，東京証券取引所，ToSTNeT市場に関する業務規程及び受託契約準則の特例，立会外分売については東京証券取引所，業務規程，42条から47条を参照。

参考文献

【和書】
・証券コード協議会『証券コードの将来対応について』2009年。

【訳書】
・Patterson, Scott著, 永野直美訳『ウォール街のアルゴリズム戦争』日経BP社, 2015年。

【洋書】
・Easley, David, and Marcos M. Lopez de Prado, and Maureen O'Hara, 2012, Flow Toxicity and Liquidity in a High-Frequency World, Review of Financial Studies, 25, 5, 1457-1493.
・Foucault, Thierry, Ohad, Kadan, and Eugene Kandel, 2013, Liquidity Cycles and Make/Take Fees in Electronic Markets, Journal of Finance, 68, 1, 299-341.
・Kirilenko, Andrei A., and Andrew W. Lo, 2013, Moore's Law versus Murphy's Law: Algorithmic Trading and Its Discontents, Journal of Economic Perspectives, 27, 2, 51-72.
・Tokyo Stock Exchange, 2015, Guide to TSE Trading Methodology.

Reading List

・太田浩司・岡本進之介『相対取引による自己株式取得の実態』関西大学商学論集, 61, 2, 1-29, 2016年。
・株式会社東京証券取引所『arrowheadのリニューアル時における売買制度の見直しについて』2014年。
・金融庁金融審議会『「市場ワーキング・グループ」（第1回）資料2 事務局説明資料』2016年。
・金融庁金融審議会『市場ワーキング・グループ報告～国民の安定的な資産形成に向けた取組みと市場・取引所を巡る制度整備について～』2016年。
・日本取引所自主規制法人考査部審査・情報グループ『内部管理用 ケーススタディハンドブック2014』日本取引所自主規制法人, 2014年。
・糠谷英輝編, 糠谷英輝・佐藤信・髙力渉著『現代証券取引の基礎知識』蒼天社出版, 2012年。
・横山淳『東証, 立会外分売を見直し』大和総研制度調査部情報, 2007年。
・横山淳『自己株式取得のToSTNeT－3が増加』大和総研制度調査部情報, 2008年。

第2部

株式投資の理論

第 4 章

株式投資の利益と利益率

株式に投資する目的について「経済を学ぶ一環として」「会社を応援するため」「社会に貢献するため」などさまざまに語られますが，最低限達成すべき重要な目的は「利益を得ること」です。本章では株式投資の利益を測る方法を説明します。

1 株式投資の利益

株式投資の利益はキャピタルゲインとインカムゲインからなります。

$$\text{投資利益} = \underset{(売買によって得る)}{\text{キャピタルゲイン}} + \underset{(保有して得る)}{\text{インカムゲイン}}$$

株式の売買によって得る利益をキャピタルゲインといいます。キャピタルゲインは売却額と購入額の差です。たとえば，100万円で購入した株式を105万円で売却すると5万円のキャピタルゲインが得られます。

$$\begin{aligned}\text{キャピタルゲイン} &= \text{売却額} - \text{購入額} \\ &= 105万円 - 100万円 \\ &= 5万円\end{aligned}$$

売却額が購入額を下回ると損失が生じます。100万円で購入した株式を95万円で売却すると5万円のキャピタルロスが生じます。

株式を保有していると得られる収入をインカムゲインといいます。第1章で学んだように，株主は剰余金配当請求権を持ちます。会社の業績が良好で配当を出す余裕があり，株主総会で配当の支払いが決議されると，株主は配当を得ます。

インカムゲインは株式投資の利益を構成する重要な要素です。しかし，インカムゲインを考慮に入れると，株式投資の分析はとても複雑になります。そこで，特に断りがない限り，本書はインカムゲインを考慮外とします。また，売買委託手数料とキャピタルゲイン課税も考慮外とします[1]。

---

1) 配当や税金を考慮に入れた分析はNaranjo et al. (1998) 等を参照。

2 株式投資の利益率

前節で説明した投資利益は，株式投資の効率を測る適切なものさしでしょうか。例を用いて考えましょう。株式Aを100万円で購入して105万円で売却するという投資と，株式Bを200万円で購入して208万円で売却するという投資があるとしましょう。投資効率が高いのはどちらでしょうか。

それぞれの投資利益は次式から計算されます。

$$株式Aの投資利益 = 105万円 - 100万円 = 5万円$$

$$株式Bの投資利益 = 208万円 - 200万円 = 8万円$$

株式Bに投資して得られる利益は株式Aより3万円多いですが，株式Bの購入額は株式Aより100万円多いです。利益が多い株式Bの投資効率が高いようにも思えますし，購入額が少なくてすむ株式Aの投資効率が高いようにも思えます。

すっきりした解を得るために，購入額を200万円にそろえて利益を比べてみましょう。このとき，株式Aは200万円で2株，株式Bは200万円で1株購入できます。すると，下式のように，株式Aの投資利益は10万円，株式Bの投資利益は8万円になります。購入額をそろえると，株式Aの利益は株式Bの利益より大きくなります。投資効率が高いのは，おなじ購入額でより多くの利益が得られる株式Aと判断されます。

$$株式Aの投資利益 = (105万円 - 100万円) \times 2株 = 10万円$$

$$株式Bの投資利益 = (208万円 - 200万円) \times 1株 = 8万円$$

つづいて，購入額を1円にそろえて利益を比べてみましょう。このとき，株式Aは100万分の1株，株式Bは200万分の1株購入できます。すると，下式のように，株式Aの投資利益は0.05円，株式Bの投資利益は0.04円になります。投資効率が高いのは，購入額を200万円にそろえたときとおなじように，株式Aです。

$$株式Aの投資利益 = (105万円 - 100万円) \times \frac{1}{100万株} = 0.05円$$

$$株式Bの投資利益 = (208万円 - 200万円) \times \frac{1}{200万株} = 0.04円$$

購入額1円あたりの利益のことを利益率といいます[2]。利益率は次式から計算します。

$$利益率 = \frac{売却額 - 購入額}{購入額}$$

利益率の式を用いて計算した株式Aと株式Bの利益率は，上で計算した購入額1円あたりの利益と数値がおなじになります[3]。

$$株式Aの利益率 = \frac{105万円 - 100万円}{100万円} = 0.05$$

$$株式Bの利益率 = \frac{208万円 - 200万円}{200万円} = 0.04$$

株式投資の研究では，上式の算術利益率ではなく，下式の対数利益率を用いることが多いです。

$$対数利益率 = ln\left(\frac{売却額}{購入額}\right)$$

私たちの多くは対数と聞くだけで身構えてしまいますが，電卓や表計算ソフトの関数機能を使って計算できますので心配いりません。表計算ソフトを用いて計算すると，株式Aの対数利益率はおおよそ0.049，株式Bの対数利益率はおおよそ0.039になります。対数利益率は算術利益率に近い値をとります。対数に不案内な人は，「対数利益率はふつうの利益率に近い値をとる」と覚えておきましょう。対数利益率には本章の補論で示すような利点がありますので，特に断りのない限り，本書では対数利益率を用います。

$$株式Aの対数利益率 = ln\left(\frac{105万円}{100万円}\right) = 0.04879\cdots$$

$$株式Bの対数利益率 = ln\left(\frac{208万円}{200万円}\right) = 0.03922\cdots$$

---

2) Markowitz（1952, p.77）に「時点tにおいて株式iに投資して得られる1ドル当たりの予想利益をr_{it}とおく。」（訳文は筆者）とある。
3) 分母と分子の単位がともに金額であるため，計算結果は金額から率の概念に変わる。

❸ 利益率の分布

　図表4－1は小田急電鉄の月次株価から作成した対数利益率を表しています。利益率は0あたりを中心に上下しているようにみえます。このような利益率のばらつきのようすを利益率の分布といいます。株式に投資しようとする投資家は，利益率の分布の特徴をできるだけ詳しく知りたいはずです。しかし，図表から分布の特徴を詳しく知るのは困難です。

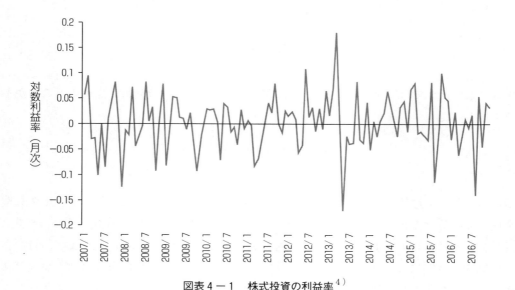

図表4－1　株式投資の利益率[4]

　図表4－2は，分布の特徴をもう少し詳しく知りたいという投資家の要求に応えるために図表4－1のデータを集計して作成したヒストグラムです。横軸は利益率の階級，縦軸は利益率が特定の階級の範囲内にある度数を表しています。

　度数が最も高いのは利益率が－0.01から0.01の階級です。また，利益率が0.01を超えて高くなるにしたがい，利益率が－0.01を超えて低くなるにしたがい，度数は低くなる傾向にあります。

　ヒストグラムを山に見立てると，中ほどが高い富士山のような形をしています。分布のこの特徴を単峰性といいます。また，山裾は左右おおよそおなじように広がっています。分布のこの特徴を対称性といいます。ヒストグラムの単峰性と対称性から，株式投資の利益率は0あたりにあることが多いこと，とても高い利益率やとても低い利益率は希に生じることが読み取れます。

4）日経NEEDS Financial Questから小田急電鉄株式会社の株価を取得し作成。

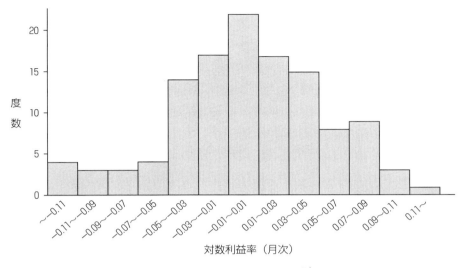

図表4－2　ヒストグラム[5]

❹ 分布のモデル

　統計学の知識を用いて，図表4－2のヒストグラムをモデル化します。モデル化とは，分布の特徴を統計学の用語で表す作業のことです。分布が確率によって特徴づけられるとき，それを確率分布といいます。単峰性と対称性をあわせ持つ確率分布に二項分布があります。そこで，利益率の分布を二項分布で近似してみます。

　1か月を月の前半と後半に分け，それぞれの期間の利益率が確率50％で0.02，確率50％で－0.02となる分布を考えます。このとき，利益率の分布は図表4－3のようになります。2期間後に利益率が＋0.04になるのは，1期間めと2期間めの利益率がともに＋0.02であるときです。1期間めの利益率が＋0.02になる確率と2期間めの利益率が＋0.02になる確率はともに50％ですので，2期間後に利益率が＋0.04になる確率は50％×50％＝25％になります。2期間後に利益率が0になるのは，1期間めの利益率が＋0.02で2期間めの利益率が－0.02であるときと，1期間めの利益率が－0.02で2期間めの利益率が＋0.02であるときです。よって，2期間後に利益率が0になる確率は50％×50％＋50％×50％＝50％です。2期間後に利益率が－0.04になるのは，1期間めと2期間めの利益率がともに－0.02であるときです。1期間めと2期間めの利益率が－0.02になる確率はともに50％ですので，2期間後に利益率が－0.04になる確率は50％×50％＝25％です。

---

[5] 日経NEEDS Financial Questから小田急電鉄株式会社の株価を取得し作成。左端の「～－0.11」は利益率が－0.11以下である度数を，右端の「0.11～」は利益率が0.11超である度数を表す。

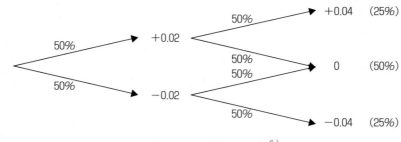

図表 4 − 3　利益率の分布[6]

　図表 4 − 4 の左図は図表 4 − 3 の分布をグラフにしたものです。この図は利益率の分布にみられる単峰性と対称性を備えていますが，実際の利益率の分布を表す図表 4 − 2 と似ていません。図表 4 − 4 の右図は，実際の分布に近づけるために，1 か月を20の期間に分けて計算し直し，分布をグラフにしたものです。この図は図表 4 − 2 に近い形をしています。

　二項分布が実際の利益率の分布に近いのは，株価を押し上げるニュースと押し下げるニュースがランダムに公表されるためだと考えられます。会社にとって良いニュースと悪いニュースがランダムに公表されるとき，その会社の株式の利益率はランダムに動きます[7]。二項分布はこうした利益率のうごきをうまくモデル化しているようです。

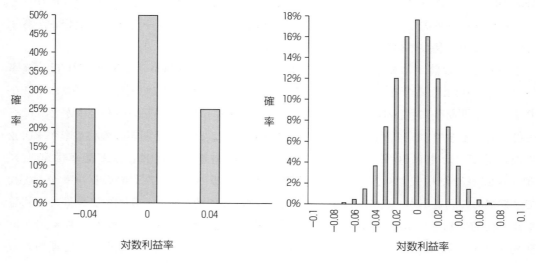

図表 4 − 4　二項分布による利益率のモデル[8]

---

6) 利益率の自己相関を 0 と仮定する。
7) Fama（1965, p.36）に，株式の本質的な価値は，ランダムに発生する「研究開発の成功，経営陣の刷新，外国による関税措置，産業の生産量拡大などに関する新しい情報によって変化する」（訳文は筆者）とある。
8) 金融商品取引所の営業日数は 1 か月あたり20日ほどである。

二項分布は離散変数の分布であることに注意が必要です。離散変数とは，図表4－5のように，とりうる値が離れている数のことです。図表4－4の左図のような二項分布でモデル化するとき，利益率が－0.04，0，＋0.04になる確率を考えることはできますが，他の値になる確率を考えることはできません。さまざまな値を取りうる株式投資の利益率を二項分布でモデル化するのは適切といえません。

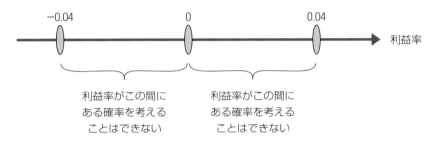

図表4－5　離散変数

この問題は，連続変数の分布を用いて株式投資の利益率をモデル化することで回避できます。連続変数は数直線上の値をすきまなくとることができますので，分布の範囲内にあるすべての利益率の確率を考えることができます。たとえば，利益率が－0.01になる確率や＋0.002になる確率も考えることができます[9]。

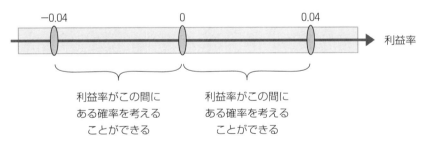

図表4－6　連続変数

分布の性質が二項分布と似ている連続変数の分布に正規分布があります。次ページの図表4－7は，小田急電鉄株の利益率をヒストグラムで表した図表4－2を正規分布で近似したものです。正規分布は利益率の分布をかなりよく近似するようです。

9）連続変数の確率のことを確率密度という。利益率がある区間内にある確率は確率密度を積分して算出する。

分布の中心をみると，小田急電鉄株の利益率が－0.01から＋0.01のあいだにある確率は正規分布のモデルが想定する確率より高いことがわかります。また，分布の左端をみると，小田急電鉄株の利益率が非常に低くなる確率は正規分布のモデルが想定する確率より高いことがわかります。正規分布のモデルでは利益率が－0.11以下となる確率は1.5％ほどですが，小田急電鉄株の利益率が－0.11以下となる確率は3.3％です。

　これは，「株式市場は，正規分布のモデルが想定するよりも凪と嵐の頻度が高い」ことを示しています。嵐のような暴落や暴騰が理論の想定より高い頻度で起きることをFat Tailといいます。これから株式に投資しようとする人は，利益率の分布のこの特徴を肝に銘じておくべきです[10]。

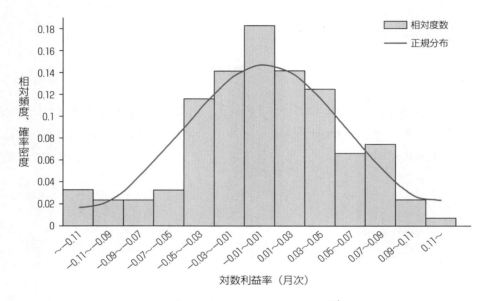

図表4－7　正規分布による近似[11]

---

10) 分布の裾が正規分布より厚いことからFat Tail，またはLong Tailという（Fama (1965), Mandelbrot (1963)）。Maheu and McCurdy (2000) は上げ相場と下げ相場の価格変動の大きさが異なること，Maheu and McCurdy (2004) は大きなニュースが時折到着することからこの現象を説明している。

11) 日経NEEDS Financial Questから小田急電鉄株式会社の株価を取得し作成。ヒストグラムは図表4－2の度数から相対頻度に変えて掲示した。裾両端の正規分布の確率は，利益率が－0.11以下になる確率と＋0.11を上回る確率を表す。

補 論　対数利益率

　株式投資の研究では対数利益率を用いることが多いです。Famaという研究者は，その理由として，①対数利益率は連続複利の利益率であること，②株価が上がるにしたがい株価の変動は大きくなること，③±15％くらいまでは対数利益率と算術利益率がほぼおなじ値をとることを挙げています[12]。

　①については説明がとても難しいです。時点 t に価格 P_t の水準にある株式の利益率が，微小時間に平均 μ，標準偏差 σ で変動すると仮定します。この仮定を式で表すと

$$\frac{dP_t}{P_t} = \mu\,dt + \sigma\,dZ_t$$

ここで dZ_t はWiener過程にしたがいます[13]。利益率の変動が上式にしたがうとき，時点 0 から T まで投資して得られる利益率の平均は $\left(\mu - \frac{1}{2}\sigma^2\right)T$，標準偏差は $\sigma\sqrt{T}$ となります。微小期間の利益率の変動が上式によって特徴づけられるとき，対数利益率は理論的に正しい利益率の計算方法になります。

　②については，①で用いた式

$$\frac{dP_t}{P_t} = \mu\,dt + \sigma\,dZ_t$$

を少しだけ変形して考えます。両辺に P_t を掛けると

$$dP_t = \mu P_t\,dt + \sigma P_t\,dZ_t$$

この式から，株価（P_t）が高くなるにしたがい株価の変動（$\sigma P_t\,dZ_t$）は激しくなることがわかります。

　③については図表4－8をみましょう。図表は100万円で購入した株式をさまざまな株価水準で売却したときの利益率を表しています。購入額と売却額に大きな差がないとき，算術利益率と対数利益率の値は近くなります。

---

[12] Fama（1965, pp.45-46）を参照。Famaは2013年にノーベル経済学賞を受賞した。
[13] Wiener過程については本書の範囲を超えるため説明を割愛する。柳瀬（2015）を参照。

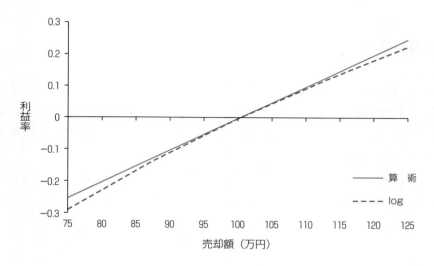

図表4-8　対数利益率と算術利益率

　もう1つ，平均値の求めやすさも対数利益率の利点です。図表4-9はこのことを数値例で示しています。投資の期間が2期間あり，投資開始時点の株価を100，時点1の株価を110，時点2の株価を100とします。このとき，1期間めの算術利益率は0.1，2期間めの算術利益率は-0.091です。一方，1期間めの対数利益率は0.095，2期間めの対数利益率は-0.095です。ふつうの平均値の計算方法で2期間の利益率の平均を計算すると，算術利益率の平均は0.0045，対数利益率の平均は0となります。2期間経過後に株価が元の水準に戻るのにもかかわらず，算術利益率の算術平均は0になりません。

時　点	株　価	算術利益率	対数利益率
0	100		
1	110	0.1	0.095
2	100	-0.091	-0.095
利益率の算術平均		0.0045	0

図表4-9　利益率の算術平均

　算術利益率の平均を適切に求めるには幾何平均の計算式を用います。一般に，各期の算術利益率が$R_1, R_2, \cdots, R_n$であるとき，幾何平均は

$$算術利益率の幾何平均 = \sqrt[n]{(1+R_1) \times (1+R_2) \times \cdots \times (1+R_n)} - 1$$

対数利益率を使うと，平均を計算するときにこのような難しい式を使わずにすみます。

参考文献

【和書】

・柳瀬眞一郎『確率と確率過程―具体例で学ぶ確率論の考え方』森北出版, 2015年。

【洋書】

・Fama, Eugene Francis, 1965, The Behavior of Stock-Market Prices, Journal of Business, 38, 1, 34-105.
・Maheu, John M., and Thomas H. McCurdy, 2000, Identifying Bull and Bear Markets in Stock Returns, Journal of Business and Economic Statistics, 18, 1, 100-112.
・Maheu, John M., and Thomas H. McCurdy, 2004, News Arrival, Jump Dynamics, and Volatility Components for Individual Stock Returns, Journal of Finance, 59, 2, 755-793.
・Mandelbrot, Benoit, 1963, The Variation of Certain Speculative Prices, Journal of Business, 36, 4, 394-419.
・Markowitz, Harry Max, 1952, Portfolio Selection, Journal of Finance, 7, 1, 77-91.
・Naranjo, Andy, M. Nimalendran, and Mike Ryngaert, 1998, Stock Returns, Dividend Yields, and Taxes, Journal of Finance, 53, 6, 2029-2057.

Reading List

・Bowman, K.O., and L. R. Shenton, 1975, Omnibus Test Contours for Departures from Normality Based on $\sqrt{b_1}$ and b_2, Biometrika, 62, 2, 243-250.
・Fisher, Irving, and A. C. Littleton, 1930, General Comments, Accounting Review, 5, 1, 55-59.
・Granger, C.W.J., 1968, Aspects of the Random Walk Model of Stock Market Prices, International Economic Review, 9, 2, 253-257.
・Jarque, Carlos M., and Anil K. Bera, 1987, A Test for Normality of Observations and Regression Residuals, International Statistical Review, 55, 2, 163-172.
・Kon, Stanley J., 1984, Models of Stock Returns―A Comparison, Journal of Finance, 39, 1, 147-165.
・Lintner, John, 1964, The Valuation of Risk Assets and the Selection of Risky Investments in Stock Portfolios and Capital Budgets, Review of Economics and Statistics, 47, 13-37.
・Lo, Andrew W., and A. Craig MacKinlay, 1988, Stock Market Prices Do not Follow Random Walks: Evidence from a Simple Specification Test, Review of Financial Studies, 1, 1, 41-66.
・Longin, François M., 1996, Asymptotic Distribution of Extreme Stock Market Returns, Journal of Business, 69, 3, 383-408.
・Osborne, M. F. M., 1959, Brownian Motion in the Stock Market, Operations Research, 7, 2, 145-173.
・Samuelson, Paul Anthony, 1973, Proof that Properly Discounted Present Values of Assets Vibrate Randomly, Bell Journal of Economics and Management Science, 4, 2, 369-374.
・Seligman, Edwin R. A., 1919, Are Stock Dividends Income?, American Economic Review, 9, 3, 517-536.

第5章

リターンとリスク

株式に投資して得られる利益率は，投資を終える未来に判明します。しかし，投資するかしないか，どの株式に投資するかは今決めなければなりません。結果が不確かなことを今決断するのには心理的な負担がともないます。とりわけ，貴重な資金を株式に投ずる決断は重いものです。本章では，この負担を和らげるための2つの指標を紹介します。

1 未来に向けて投資するということ

図表5-1は投資期間を20日とした株式投資の利益率を表しています。グラフの横軸は取引日を，縦軸は利益率の累積値を表しています。ケースAでは，2日目と3日目に累積利益率がマイナスになりますが，その後はプラス圏を推移しています。ケースBでは，累積利益率がほぼ一貫してマイナス圏を推移しています。ケースCでは，累積利益率が一貫してプラス圏を推移しています。

投資をはじめる時点で，投資を終えるときの累積利益率を知ることはできません。利益を求めて投資しても，ケースBのように損失をこうむることもあります。「結果は未来に現われるが，投資を決断するのは今である」ことが投資のむずかしさです。

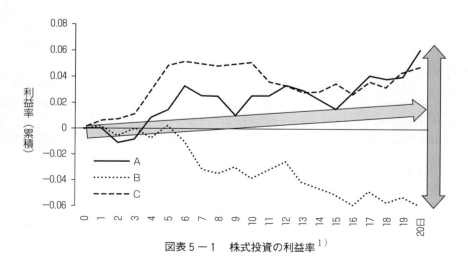

図表5-1　株式投資の利益率[1]

---

1) Hicks（1935）の第Ⅳ節，Hirshleifer（1964, p.77）を参照して作成。

株式投資の研究者は，利益率のおおよその予想値と，予想値と実際に得られる利益率とのずれを推定することで投資の負担を軽くできると主張しています。利益率の予想値は期待利益率で，予想値と実際に得られる利益率とのずれは標準偏差で測ります[2]。

2 期待利益率と標準偏差

輸出企業の株式と輸入企業の株式を例に，期待利益率と標準偏差の計算方法を説明します。輸出企業は製品を海外に輸出して外貨を得ます。よって，輸出企業の円建ての利益は為替レートが変動すると増減します。円高になると円建ての利益は減り，円安になると円建ての利益は増えます。輸入企業は原材料を輸入するとき外貨で払います。よって，輸入企業の円建ての利益も為替レートが変動すると増減します。円高になると円建ての利益は増え，円安になると円建ての利益は減ります[3]。

図表5-2は，こうした観察をもとに，投資をはじめるときに推定された生起確率と条件別利益率を表しています。生起確率とは，ある出来事が起こる確率です。為替レートが円高になる確率は20％，為替レートに変化がない確率は60％，円安になる確率は20％です。条件別利益率とは，ある出来事が起こるときに得られる利益率です。輸出企業の株式に投資すると，円高になるとき0.05，為替レートに変化がないとき0.1，円安になるとき0.2の利益率が得られます。輸入企業の株式に投資すると，円高になるとき0.1，為替レートに変化がないとき0.06，円安になるとき0.02の利益率が得られます。

起こりうる経済の状態をすべて列挙して生起確率と条件別利益率を推定するのは難しい作業です。ここでは，難しい作業が適切に行われたことを前提に説明を進めます[4]。

為替レート	生起確率	条件別利益率	
		輸出企業株	輸入企業株
円　高	20%	0.05	0.1
不　変	60%	0.1	0.06
円　安	20%	0.2	0.02

図表5-2　株式投資の条件別利益率[5]

---

2) 期待利益率は予想利益率，期待収益率，予想収益率とも表記する。
3) 為替レートの変動，企業の利益，株式投資の利益率の関係については本章の補論1を参照。
4) Markowitz（1952, p.77）に「ポートフォリオ選択の過程は2段階に分けられる。第1段階は観察と経験にはじまり予想（belief）の形成に終わる。第2段階は未来に明らかになる投資結果の予想にはじまりポートフォリオの選択に終わる。本稿では第2段階を取り扱う」（訳文は筆者）とある。統計学については浅井・村上訳（2013）の第4章を参照。
5) まぎれを避けるために，本書は確率をパーセントで，利益率を小数で表記する。第4章で説

◇期待利益率

図表5－2のように，起こりうる出来事が{円高，不変，円安}の3とおりであるとき，期待利益率は下式から得られます。

$$ER = p_{円高} \times R_{円高} + p_{不変} \times R_{不変} + p_{円安} \times R_{円安}$$

記号を用いて式を立てるとき，下式のようにかけ算の記号を省くことがあります。

$$ER = p_{円高} R_{円高} + p_{不変} R_{不変} + p_{円安} R_{円安}$$

かけ算の記号を省いても式が意味するところは変わりません。本書でも，記号を用いて式を立てるときには，かけ算の記号を省くことにします。

式中の p は生起確率です。円高になる確率は20％ですので，$p_{円高}=20\%$ です。おなじように，$p_{不変}=60\%$，$p_{円安}=20\%$ です。R は条件別利益率です。円高になるときの輸出企業株の利益率は0.05ですので，$R_{円高}=0.05$ です。おなじように，$R_{不変}=0.1$，$R_{円安}=0.2$ です。これらの値を期待利益率を求める式に代入して計算すると，下式のように0.11になります。おなじ手順で輸入企業株の期待利益率を計算すると0.06になります。

$$\begin{aligned} ER &= p_{円高} R_{円高} + p_{不変} R_{不変} + p_{円安} R_{円安} \\ &= 20\% \times 0.05 + 60\% \times 0.1 + 20\% \times 0.2 \\ &= 0.01 + 0.06 + 0.04 \\ &= 0.11 \end{aligned}$$

この例をはなれても期待利益率を計算できるように，式を一般化します。起こりうる出来事は必ずしも3とおりではなく，10とおり，100とおりかもしれません。起こりうる出来事が一般に S とおりであるとき，期待利益率は下式から得られます。

$$ER = p_1 R_1 + p_2 R_2 + \cdots + p_S R_S$$

ここで，$\{1, 2, \cdots, S\}$ は起こりうる出来事を表します。たし算の記号 Σ を用いると，式をコンパクトに表記できます[6]。

$$ER = \sum_{s=1}^{S} (p_s R_s)$$

明したように，株式投資の利益率は連続変数の分布でモデル化することが望ましい。ここでは計算の難度を上げないように利益率の分布を離散変数で表した。

6) 記号 Σ については本章の補論2を参照。

◇標準偏差

　投資を終えるとき実際に得る利益率は，期待利益率より高いことも低いこともあります。実際に得る利益率と期待利益率とのずれは標準偏差という統計量で測ります。

　標準偏差を理解するには，偏差という言葉の意味を知る必要があります。偏差とは，条件別利益率と期待利益率との差です。為替レートが円高になるとき，輸出企業株の利益率は0.05です。このときの偏差は下式から得られます。

$$偏差_{円高} = R_{円高} - ER = 0.05 - 0.11 = -0.06$$

おなじように，為替レートに変化がないとき，為替レートが円安になるときの偏差は

$$偏差_{不変} = R_{不変} - ER = 0.1 - 0.11 = -0.01$$

$$偏差_{円安} = R_{円安} - ER = 0.2 - 0.11 = +0.09$$

　図表5－3は輸出企業の株式の偏差を表しています。為替レートが円高になるときと為替レートに変化がないとき，偏差はマイナスです。為替レートが円安になるとき，偏差はプラスです。

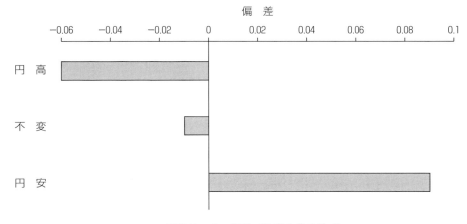

図表5－3　偏差（輸出企業の株式）

　図表5－3にあらわれる偏差の標準値をどのように算出すべきでしょうか。1つの方法として，偏差を生起確率で重み付けして計算することが考えられます。この方法で偏差の標準値を計算すると

$$p_{円高}(偏差_{円高}) + p_{不変}(偏差_{不変}) + p_{円安}(偏差_{円安})$$
$$= 20\% \times (-0.06) + 60\% \times (-0.01) + 20\% \times (+0.09) = 0$$

円高，不変，円安のいずれが起きても偏差は0でないのに，計算結果は0になります。これは，上式が偏差の標準値を求める適切な方法でないことを示しています。0でない偏差の標準値が0になるのは，計算の過程で負の偏差（第1項と第2項）と正の偏差（第3項）が打ち消しあうためです。

この問題を回避するために，偏差を2乗してから，偏差を生起確率で重み付けして計算してみます。輸出企業株の偏差をそれぞれ2乗すると次のようになります。

$$(偏差_{円高})^2 = (-0.06)^2 = 0.0036$$

$$(偏差_{不変})^2 = (-0.01)^2 = 0.0001$$

$$(偏差_{円安})^2 = (+0.09)^2 = 0.0081$$

偏差の2乗の標準値を計算すると

$$\sigma^2 = p_{円高}(偏差_{円高})^2 + p_{不変}(偏差_{不変})^2 + p_{円安}(偏差_{円安})^2$$

$$= 20\% \times 0.0036 + 60\% \times 0.0001 + 20\% \times 0.0081$$

$$= 0.0024$$

計算結果は0.0024になります。この計算方式は，正の偏差と負の偏差が打ち消しあわない点で，偏差の標準値を求める適切な方法だと考えられます。この式から得られる値を分散といいます。

分散は，正の偏差と負の偏差が打ち消しあわない点でよりよい計算方法ですが，偏差を2乗したために，尺度が歪むことに注意が必要です。図表5−4が示すように，偏差の2乗は偏差より小さくなります。偏差の2乗の標準値である分散は，偏差を過小評価しています。投資結果のずれを過小評価したままでは，適切な投資判断ができません。

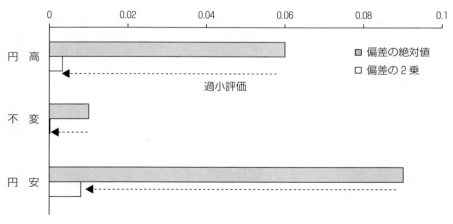

図表5−4　偏差の絶対値と偏差の2乗（輸出企業の株式）

偏差を2乗して生じた歪みは平方根をとると元に戻ります。下式のように分散の平方根をとって得られる値を，偏差の標準値であることから標準偏差といいます[7]。

$$\sigma = \sqrt{\sigma^2}$$

$$= \sqrt{0.0024} = 0.48989\cdots$$

この値は，実際に得る利益率と期待利益率との差の標準値がおおよそ±0.049であることを意味しています。おなじ手順で輸入企業株の標準偏差を計算すると，おおよそ0.025になります。図表5－5は計算結果をまとめたものです。

	株式投資の利益率	
	輸出企業株	輸入企業株
期待利益率	0.11	0.06
標準偏差	0.049	0.025

図表5－5　期待利益率と標準偏差[8]

この例をはなれても標準偏差を計算できるように，式を一般化します。起こりうる出来事が一般にSとおりであるとき，分散は下式から得られます。

$$\sigma^2 = p_1(R_1-ER)^2 + p_2(R_2-ER)^2 + \cdots + p_S(R_S-ER)^2$$

ここで，$\{1, 2, \cdots, S\}$は起こりうる出来事を表します。たし算の記号Σを用いると，式をコンパクトに表記できます。

$$\sigma^2 = \sum_{s=1}^{S} p_s(R_s - ER)^2$$

分散の平方根をとると標準偏差が得られます。

$$\sigma = \sqrt{\sigma^2}$$

---

7) 標準偏差を英語表記したstandard deviationのはじめのアルファベットsをギリシャ文字にしたσが標準偏差の記号に用いられる。σは「しぐま」と読む。
8) 伝統的な株式投資の理論は，株式の期待利益率と標準偏差の値について，すべての投資家の意見が一致するという強い仮定を置いている。

補論1　為替レートの変化と株式投資の利益率

　本文で，輸出企業株の利益率は円高になると低くなり，円安になると高くなると想定しました。また，輸入企業株の利益率は円高になると高くなり，円安になると低くなると想定しました。これらの想定について説明します。

　まず，輸出企業株の利益率についてみます。この企業は製品を外国へ輸出して100万ドルを得るとしましょう。収益を算出するのに用いる為替レートが現在の水準と変わらず1ドル100円であれば，円建ての収益は1億円です。

$$円建ての収益_{不変} = 100万ドル \times 100 = 1億円$$

　為替レートが1ドル90円の円高になったり，1ドル110円の円安になったりすると，円建ての収益は次のように変化します。

$$円建ての収益_{円高} = 100万ドル \times 90 = 9,000万円$$

$$円建ての収益_{円安} = 100万ドル \times 110 = 1億1,000万円$$

　ドル建ての収益が100万ドルで変わらなくても，円建ての収益は為替レートによって増減します。これを反映して株価が変化し，株式投資の利益率は変動します。

　つづいて，輸入企業株の利益率についてみます。この企業は製品を輸入するのに100万ドル払うとしましょう。費用を算出するのに用いる為替レートが現在の水準と変わらず1ドル100円であれば，輸入企業の円建ての費用は1億円です。

$$円建ての費用_{不変} = 100万ドル \times 100 = 1億円$$

　為替レートが1ドル90円の円高になったり，1ドル110円の円安になったりすると，円建ての費用は次のように変化します。

$$円建ての費用_{円高} = 100万ドル \times 90 = 9,000万円$$

$$円建ての費用_{円安} = 100万ドル \times 110 = 1億1,000万円$$

　ドル建ての費用が100万ドルで変わらなくても，円建ての費用は為替レートによって増減します。これを反映して株価が変化し，株式投資の利益率は変動します。

　株式投資の利益率はさまざまな要因に影響を受けますので，「円高になると利益率はこうなる」などと断定できませんが，図表5－2に掲げた数値は，おおよそこのような観察にもとづいています。

補論2　たし算の記号Σ

ギリシャ文字Σは「しぐま」と読みます。数式にΣが使われるとき，多くの場合たし算を意味します。たし算の記号にΣが用いられるのは，ΣがアルファベットのSにあたり，たし算を英語でSumとかSummationと表記するためです。

本文中にこのような式があります。

$$ER = p_{円高}R_{円高} + p_{不変}R_{不変} + p_{円安}R_{円安}$$

起こりうる状態が3とおりのときには，上式のようにすべての項を書き表すことができますが，起こりうる状態が100とおり，1,000とおりになると，すべての項を書き表すことが難しくなります。起こりうる状態が100とおりあるとき，煩雑さを避けるために第15項から第99項を省いても，下式のようになります。

$$ER = p_1R_1 + p_2R_2 + p_3R_3 + p_4R_4 + p_5R_5 + p_6R_6 + p_7R_7 + p_8R_8 + p_9R_9 + p_{10}R_{10}$$
$$+ p_{11}R_{11} + p_{12}R_{12} + p_{13}R_{13} + p_{14}R_{14} + \cdots + p_{100}R_{100}$$

長い式を書くのはわずらわしく，読み間違いも生じやすいです。そこで，似た項が続く長い式をコンパクトに表記するたし算の記号Σが考案されました。Σを用いて上式を表すと下式のようになります。

$$ER = \sum_{s=1}^{100}(p_s R_s)$$

Σの下にある $s=1$ とΣの上にある100は，p と R についている下添字 s を1から100まで1ずつ増やすことを指示しています。この式は，s に1, 2, 3, 4, …, 100を順に代入して展開します。展開の結果は，Σの記号を用いて表記する前の式とおなじになります。

$$ER = \sum_{s=1}^{100}(p_s R_s)$$
$$= p_1R_1 + p_2R_2 + p_3R_3 + p_4R_4 + p_5R_5 + p_6R_6 + p_7R_7 + p_8R_8 + p_9R_9 + p_{10}R_{10}$$
$$+ p_{11}R_{11} + p_{12}R_{12} + p_{13}R_{13} + p_{14}R_{14} + \cdots + p_{100}R_{100}$$

本書のように紙幅が限られているとき，見慣れない人には申し訳ないのですが，式をコンパクトに表記できるΣの記号を用います。Σが出てきたときには，「これはたし算に過ぎない」と言い聞かせてから眺めてみてください。

参考文献

【訳書】
・Hoel, Paul G.著, 浅井晃・村上正康訳『初等統計学』原著第4版, 培風館, 2013年。

【洋書】
・Hicks, John Richard, 1935, A Suggestion for Simplifying the Theory of Money, Economica, 2, 5, 1-19.
・Hirshleifer, Jack, 1964, Efficient Allocation of Capital in an Uncertain World, American Economic Review, 54, 3, 77-85.
・Markowitz, Harry Max, 1952, Portfolio Selection, Journal of Finance, 7, 1, 77-91.

第6章

個別株式

前章で期待利益率と標準偏差について学びました。本章では、これらを用いて、投資家にとって最適な株式を選ぶ方法を説明します。

❶ リスク回避度

図表6－1は、図表5－5のデータを用いて作成した散布図です。グラフの横軸は標準偏差によって測られるリスク量、縦軸は期待利益率によって測られるリターンを表します。輸入企業株の標準偏差と期待利益率はどちらも比較的低い水準にあります。このような組み合わせをローリスク・ローリターンといいます。輸出企業株の標準偏差と期待利益率はどちらも比較的高い水準にあります。このような組み合わせをハイリスク・ハイリターンといいます。

2つの株式のリスクとリターンが図表のようであるとき、どちらに投資すべきでしょうか。株式投資の研究者は、リスクに対する投資家の態度によって投資すべき株式が決まると考えます。リスクに対する投資家の態度をリスク回避度といいます。

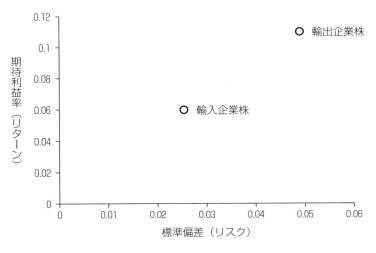

図表6－1　リスクとリターン

リスク回避度について，1日かかる引越しのアルバイトを例に考えます[1]。引越し作業は重労働です。冷蔵庫やソファを搬出し，引越し先へ搬入します。ときにはアパートの階段を何度も登り降りして重たい荷物を運ばなければなりません。荷物を壁にぶつけないように気を遣います。肉体的にも精神的にも大変な仕事です。

1日がかりの重労働を終えた後，引越し業者から次の2とおりのアルバイト代の支払い方法を示されたとしましょう。みなさんは①と②のどちらを選びますか。

① 100％の確率で10,000円を受け取れる
② 90％の確率で11,200円を受け取れ，10％の確率で1円も受け取れない

①と②の望ましさを比べるために期待値を計算します。①の期待値は，100％の確率で10,000円を受け取れるので，10,000円です。②の期待値は下式から得られます。

$$90\% \times 11{,}200円 + 10\% \times 0円 = 10{,}080円$$

①より期待値が80円多いので，②を選ぶのが合理的にみえます。しかし，1円も受け取れなくなるリスクを避けるために①を選ぶ人が多いのではないでしょうか。期待値が80円少ない①の支払い方法を選ぶ人を，リスク回避的な人といいます。

株式に投資しない人からみると，投資家は楽をして儲けているようにみえますが，本書を読み進むと理解されるように，投資は負荷の高い頭脳労働です。加えて，大切なお金を賭ける精神的な重圧も相当なものです。そうであれば，「できる限りリスクを小さくして，納得のいくリターンを得たい」と考えるのが自然ではないでしょうか。

証券投資の研究は，こうした人々の傾向を反映して，投資家がリスク回避的であると想定します。本書でも特に断りのないかぎり，投資家はリスク回避的であると想定します。

2 無差別曲線

投資家のリスク回避度は無差別曲線という図で表されます。無差別曲線とは，望ましさが無差別なリスクとリターンの関係を表す曲線です。「望ましさが無差別」とは，望ましさがおなじで，甲乙つけがたいことを意味します。

図表6－2は無差別曲線を表しています。同一曲線上に置かれたAとBの2点は，投資家にとって望ましさがおなじである2つの証券を表します。点Aはリスクが0でリターンが比較的低い証券を，点Bはリスクがありリターンが比較的高い証券を表します。

もし，Bに投資して得られる追加のリターンが$+\alpha$より低いのであれば，投資家は$+\sigma$

---

[1] Chambers（1934, p.47）を参考に例を作成した。

のリスクを負担せずAに投資します。Bに投資して得られる追加のリターンが$+\alpha$より高いのであれば、投資家は$+\sigma$のリスクを負担してBに投資します。AとBの望ましさがおなじと判断されるのは、$+\sigma$のリスクを負担した追加のリターンが$+\alpha$であるときだけです。おなじ無差別曲線の上にある点は、リスクとリターンが異なっても望ましさがおなじ投資先を表しています。

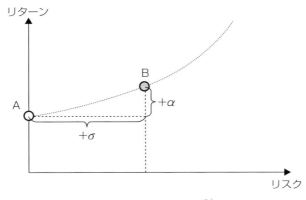

図表6-2　無差別曲線[2]

図表6-3は、リスクに対する態度が異なる2本の無差別曲線を表しています。無差別曲線I_αは、$+\sigma$のリスクを負担する見返りに投資家が$+\alpha$のリターンを要求することを表しています。無差別曲線I_βは、$+\sigma$のリスクを負担する見返りに投資家が$+(\alpha+\beta)$のリターンを要求することを表しています。リスクを負担する見返りに、より高いリターンを求める無差別曲線I_βは、無差別曲線I_αより強いリスク回避度を反映します。

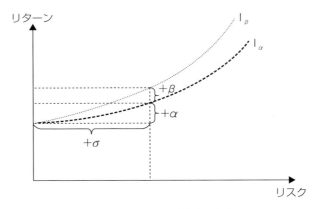

図表6-3　リスク回避度の強さ

2）Chambers（1934, p.46）のFigure C, Hirshleifer（1964, p.79）のFigure 1を参照して作成。効用関数と無差別曲線の関係については補論を参照。

無差別曲線は投資する株式を選ぶときに使われます。図表6－4の左図は株式Aと株式Bのリスクとリターンの関係を表しています。右図は投資家にとって望ましい株式の選び方を表しています。まず，点Aと点Bのそれぞれを通る無差別曲線を引きます。つづいて，点Aを無差別曲線I_1にそって左下へ移動させ，リスク量0の位置に置きます（点A'）。おなじように，点Bを無差別曲線I_2にそって左下へ移動させ，リスク量0の位置に置きます（点B'）。株式Aとおなじ望ましさを表す点A'と，株式Bとおなじ望ましさを表す点B'を比べると，リスクはともに0でリターンはB'がA'より高いことがわかります。投資家にとって望ましいのはB'です。

　A'とAの望ましさ，B'とBの望ましさはおなじですから，B'がA'より望ましいときBはAより望ましくなります。よって，図表のような無差別曲線を持つ投資家は，株式Bを選ぶべきだと結論づけられます。無差別曲線は，リスクとリターンが異なる株式の望ましさを比べる，直感的な方法を私たちに提供します。

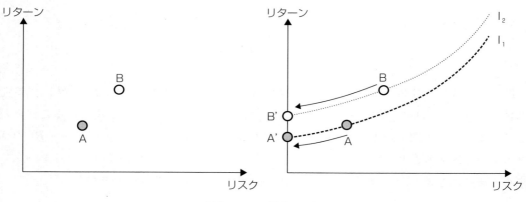

図表6－4　株式の選択

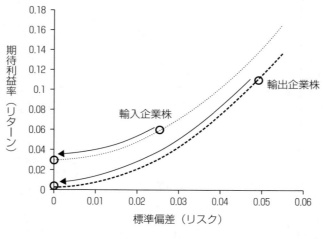

図表6－5　例への応用

無差別曲線を用いて輸出企業株と輸入企業株を比べてみましょう。図表6－5が示す無差別曲線によって表されるリスク回避度を持つ投資家は，輸入企業株に投資すべきです。これは，輸出企業株と輸入企業株を無差別曲線にそってリスク0の投資に置き換えたとき，輸入企業株とおなじ望ましさを持つ投資機会の利益率がより高いことから確かめられます。

補　論　効用と無差別曲線

経済学に効用という用語があります。効用は「満足度」に近い意味を持ちます。リスク回避的な投資家は，リターンが高くなるにしたがい，リスクが小さくなるにしたがい，満足度が高まります。無差別曲線は，投資家の満足度という目に見えないものを，リスクとリターンの関係で可視化したものです。

本文では無差別曲線を式で表しませんでしたが，下式のように表すことができます[3]。

$$満足度 ＝ リターン － \alpha(リスク)^2$$

式中の α は投資家のリスク回避度の強さを表しています。α の値が大きくなるにしたがい投資家のリスク回避度は強くなります。リスクを2乗しているのは，リスクが大きくなるにしたがい，投資家の満足度が急速に下がるためです。

標準偏差が0であるとき，第2項の値は0です。標準偏差が0より大きくなると第2項の値はマイナスになります。標準偏差が0のときとおなじ満足度を維持するには，第2項のマイナスを打ち消すように，第1項の期待利益率が高くならなければなりません。第2項は2乗のオーダーで小さくなりますので，第1項の値はそれをちょうど打ち消すように急速に大きくならなければなりません[4]。リスクが大きくなるにしたがい無差別曲線の傾きが急になるのはこのためです。

3）Williams（1977）を参照。
4）ここで「2乗のオーダー」とは，リスクの2乗に比例して満足度が低下することを意味する。

参考文献

- Chambers, S. P., 1934, Fluctuations in Capital and the Demand for Money, Review of Economic Studies, 2, 1, 38-50.
- Hirshleifer, Jack, 1964, Efficient Allocation of Capital in an Uncertain World, American Economic Review, 54, 3, 77-85.
- Williams, Joseph T., 1977, A Note on Indifference Curves in the Mean-Variance Model, Journal of Financial and Quantitative Analysis, 12, 1, 121-126.

Reading List

- Adler, Michael, 1969, On the Risk-Return Trade-Off in the Valuation of Assets, Journal of Financial and Quantitative Analysis, 4, 4, 493-512.
- Miller, Stephen M., 1975, Measures of Risk Aversion: Some Clarifying Comments, Journal of Financial and Quantitative Analysis, 10, 2, 299-309.

第7章

ポートフォリオ

　図表7－1は，前章の図表6－5を再び掲げたものです。輸出企業株と輸入企業株のリスクとリターンの関係が図の2点によって表され，投資家のリスク回避度が図のような無差別曲線によって表されるとき，投資家は輸入企業株に投資すべきです。

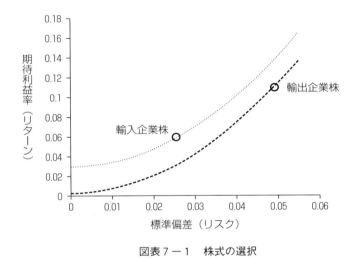

図表7－1　株式の選択

　前章では，2つの株式のいずれかに資金のすべてを投ずることを考えました。本章では，資金を2つの株式に分けて投ずることで，投資家にとってより望ましいリスクとリターンを実現できるのかを考えます。

❶ ポートフォリオの期待利益率と標準偏差

　ポートフォリオとは，紙券をまとめてはさむフォルダのことです。株式投資が盛んになった20世紀初頭，株式は紙券でした。複数の株式に投資している人は複数の株券をフォルダにまとめて保管しました。そこから意味が転じて，複数の証券に資金を投ずること，保有する証券の一覧のことをポートフォリオというようになりました[1]。

---

1 ）Taylor（1905, p.380）等にポートフォリオの表記が見られる。

前章の例をひきつづき用いてポートフォリオについて考えます。投資資金100万円のうち40万円を輸出企業株に，残りの60万円を輸入企業株に投資するとしましょう。輸出企業株への投資比率を w_{ex}，輸入企業株への投資比率を w_{im} とおき，投資比率を計算すると下式のようになります。

$$w_{ex} = \frac{40万円}{100万円} = 40\%, \quad w_{im} = \frac{60万円}{100万円} = 60\%$$

100万円全額を投資しますので比率の合計は100％です。以下，この比率で組成するポートフォリオの期待利益率と標準偏差を計算します。図表7－2は計算に用いる数値をまとめたものです。

	輸出企業株	輸入企業株
期待利益率	0.11	0.06
分　散	0.0024	0.000625
標準偏差	0.049	0.025

図表7－2　個別株式のリターンとリスク[2]

◇ポートフォリオの期待利益率

ポートフォリオの期待利益率 ER_{port} は，輸出企業株と輸入企業株の期待利益率を投資比率で重みづけして求めます。すなわち

$$ER_{port} = w_{ex} ER_{ex} + w_{im} ER_{im}$$

輸出企業株の期待利益率は0.11，輸入企業株の期待利益率は0.06です。輸出企業株の投資比率は40％，輸入企業株の投資比率は60％です。これらの数値を上式に代入して計算すると，ポートフォリオの期待利益率は0.08になります。

$$\begin{aligned} ER_{port} &= 40\% \times 0.11 + 60\% \times 0.06 \\ &= 0.044 + 0.036 \\ &= 0.08 \end{aligned}$$

この例をはなれてもポートフォリオの期待利益率を計算できるように，式を一般化します。ポートフォリオに組み入れる株式の数は必ずしも2ではなく，10，100であるかもしれません。ポートフォリオに組み入れる株式の数が一般に J であるとき，ポートフォリオの期待利益率 ER_{port} は下式から得られます。

---

[2] ポートフォリオの期待利益率と標準偏差についてはSharpe（1964, pp.429-431）を参照。

$$ER_{port} = w_1 ER_1 + w_2 ER_2 + \cdots + w_J ER_J$$

ここで $\{1, 2, \cdots, J\}$ はポートフォリオに組み入れる株式を表します。たし算の記号 Σ を用いると，式をコンパクトに表記できます。

$$ER_{port} = \sum_{j=1}^{J}(w_j ER_j)$$

◇ポートフォリオの標準偏差

ポートフォリオの標準偏差 σ_{port} を計算する方法にはいくつかありますが，本文では比較的計算量が少ない方法を紹介します[3]。第5章で学んだように，分散を求める式は

$$\sigma_{port}^2 = \sum_{s=1}^{3} p_s (R_{port,s} - ER_{port})^2$$

ここで，右辺の（ ）の中にある $R_{port,s} - ER_{port}$ に注目します。$R_{port,s}$ と ER_{port} はそれぞれ次のように表されます。

$$R_{port,s} = w_{ex} R_{ex,s} + w_{im} R_{im,s}$$

$$ER_{port} = w_{ex} ER_{ex} + w_{im} ER_{im}$$

これらを $R_{port,s} - ER_{port}$ に代入すると

$$R_{port,s} - ER_{port} = w_{ex} R_{ex,s} + w_{im} R_{im,s} - (w_{ex} ER_{ex} + w_{im} ER_{im})$$

w_{ex} を要素に持つ項，w_{im} を要素に持つ項をまとめると

$$R_{port,s} - ER_{port} = w_{ex}(R_{ex,s} - ER_{ex}) + w_{im}(R_{im,s} - ER_{im})$$

この結果を Σ の式に代入すると

$$\sigma_{port}^2 = \sum_{s=1}^{3} p_s (w_{ex}(R_{ex,s} - ER_{ex}) + w_{im}(R_{im,s} - ER_{im}))^2$$

ここで，$w_{ex}(R_{ex,s} - ER_{ex})$ を A，$w_{im}(R_{im,s} - ER_{im})$ を B とみたてると

$$(A+B)^2 = A^2 + B^2 + 2AB$$

のように，式を展開できることに気づきます。展開すると

---

[3] 式変形の負荷は少ないが計算量は多い方法については本章の補論1を参照。

$$\sigma_{port}^2 = w_{ex}^2 \sum_{s=1}^{3} p_s (R_{ex,s} - ER_{ex})^2 + w_{im}^2 \sum_{s=1}^{3} p_s (R_{im,s} - ER_{im})^2$$

$$+ 2 w_{ex} w_{im} \sum_{s=1}^{3} p_s (R_{ex,s} - ER_{ex})(R_{im,s} - ER_{im})$$

第5章で学んだように，第1項の w_{ex}^2 を除く部分は輸出企業株の利益率の分散，第2項の w_{im}^2 を除く部分は輸入企業株の利益率の分散です。第3項の $2w_{ex}w_{im}$ を除く部分は，2つの株式の利益率がどれほど共にうごくかを表す共分散です。輸出企業株の分散を σ_{ex}^2，輸入企業株の分散を σ_{im}^2，共分散を $cov_{ex,im}$ とおいて上式を書き直すと

$$\sigma_{port}^2 = w_{ex}^2 \sigma_{ex}^2 + w_{im}^2 \sigma_{im}^2 + 2 w_{ex} w_{im} cov_{ex,im}$$

輸出企業株の分散は0.0024，輸入企業株の分散は0.000625です。輸出企業株の投資比率は40％，輸入企業株の投資比率は60％です。上式の要素のうち値がわからないのは共分散だけです。共分散の式を展開すると

$$cov_{ex,im} = \sum_{s=1}^{3} p_s (R_{ex,s} - ER_{ex})(R_{im,s} - ER_{im})$$

$$= p_{円高} (R_{ex,円高} - ER_{ex})(R_{im,円高} - ER_{im})$$

$$+ p_{不変} (R_{ex,不変} - ER_{ex})(R_{im,不変} - ER_{im})$$

$$+ p_{円安} (R_{ex,円安} - ER_{ex})(R_{im,円安} - ER_{im})$$

図表5－2と図表7－2にある数値を式に代入すると

$$cov_{ex,im} = 20\% \times (0.05 - 0.11) \times (0.1 - 0.06)$$

$$+ 60\% \times (0.1 - 0.11) \times (0.06 - 0.06)$$

$$+ 20\% \times (0.2 - 0.11) \times (0.02 - 0.06)$$

計算結果は−0.0012です。この結果を用いてポートフォリオの分散を計算します。

$$\sigma_{port}^2 = w_{ex}^2 \sigma_{ex}^2 + w_{im}^2 \sigma_{im}^2 + 2 w_{ex} w_{im} cov_{ex,im}$$

$$= (40\%)^2 \times 0.0024 + (60\%)^2 \times 0.000625$$

$$+ 2 \times (40\%) \times (60\%) \times (-0.0012)$$

$$= 0.0000384$$

平方根をとって標準偏差を計算します。

$$\sigma_{port} = \sqrt{\sigma_{port}^2} = \sqrt{0.0000384}$$

ポートフォリオの標準偏差はおおよそ0.006となります。図表7－3は計算結果をまとめたものです。ポートフォリオの期待利益率は輸出企業株と輸入企業株の期待利益率のあいだの値を取ります。ポートフォリオの標準偏差は，興味深いことに，輸出企業株の標準偏差と輸入企業株の標準偏差のいずれよりも小さい値を取ります。2つの株式に資金を分けて投ずることで，リスクを減らすことができます[4]。

	個別株式		ポートフォリオ
	輸出企業株	輸入企業株	
期待利益率	0.11	0.06	0.08
標準偏差	0.049	0.025	0.006

図表7－3　ポートフォリオのリターンとリスク

輸出企業株と輸入企業株に資金を分けて投ずるとリスクが減るのはなぜでしょうか。図表7－4はそれを説明するためのグラフです。為替レートが円高になるとき，輸出企業株の利益率は低く，輸入企業株の利益率は高い水準にあります。ポートフォリオの利益率はこれら2つの株のあいだにあります。為替レートが円安になるとき，輸出企業株の利益率は高く，輸入企業株の利益率は低い水準にあります。ポートフォリオの利益率はこれら2つの株のあいだにあります。円高になるとき，利益率が低い輸出企業株を輸入企業株の高い利益率がカバーします。円安になるとき，利益率が低い輸入企業株を輸出企業株の高い利益率がカバーします。ポートフォリオに組み入れられた2つの株が互いにカバーしあうので，ポートフォリオのリスク量は劇的に小さくなります。

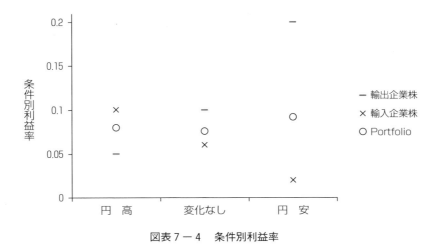

図表7－4　条件別利益率

---

4) Chambers (1934, p.46) に「すべての卵を1つのバスケットに入れるより，別々のバスケットに入れるほうがリスクは小さい」（訳文は筆者）とある。

2 効率的フロンティア

前節では，資金の40％を輸出企業株に，60％を輸入企業株に投ずるポートフォリオについて考えました。資金の配分のしかたを変えるとポートフォリオのリスクとリターンの関係はどう変化するのでしょうか。図表7-5の左図の曲線は，資金の割り振りを少しずつ変えたときの，ポートフォリオのリスクとリターンの関係を表しています。

右図は左図を再び掲げたものです。輸入企業株の投資比率が比較的高い部分を円で囲っています。この部分はリスク回避的な投資家にとって非効率な投資機会です。非効率であることは，資金の配分のしかたを変えれば，同一のリスク量を負担してより高いリターンが得られることから確かめられます。

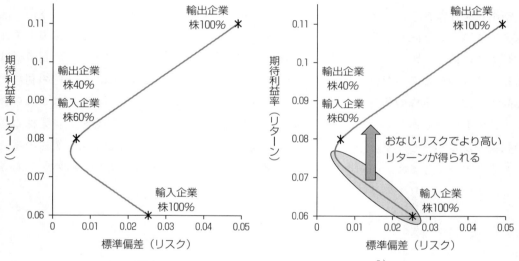

図表7-5　ポートフォリオのリスクとリターン[5]

非効率な部分を取り除いた図表7-6の曲線を効率的フロンティアといいます。フロンティアとは，「これより先に進めない地点」のことです。効率的フロンティア上の点は，リスクの量を決めたとき，これ以上望めない最高のリターンを表します。また，リターンの水準を決めたとき，これ以上望めない最小のリスクを表します。

---

5) Lintner (1965) のFig 1を参照して作成。

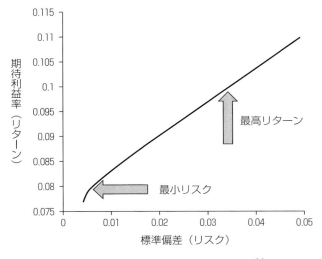

図表7-6 効率的フロンティア[6]

3 ポートフォリオの選択

リスク回避的な投資家は，効率的フロンティア上のどの点を選択すべきでしょうか。それは投資家の無差別曲線によって決まります。リスク回避度が図表7-7の無差別曲線によって表される投資家は，効率的フロンティアと無差別曲線が接する点から導かれるポートフォリオを選ぶことが最適となります。このポートフォリオは輸出企業株に資金の45％ほどを，輸入企業株に資金の55％ほどを投じて組成されます。

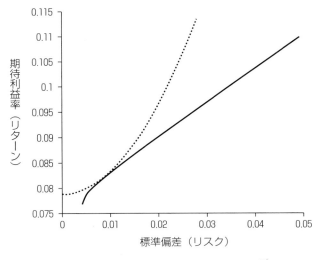

図表7-7 ポートフォリオの選択[7]

---

6) Sharpe（1964, p.429）のFigure 2を参照して作成。

補論1　ポートフォリオの標準偏差

ここでは本文と異なる手順でポートフォリオの標準偏差を計算します。計算する準備として，まずポートフォリオの条件別利益率を算出します。為替レートが円高になるときの条件別利益率は次式から得られます。

$$R_{port, 円高} = w_{ex}R_{ex, 円高} + w_{im}R_{im, 円高}$$

この式に数値を代入して計算すると

$$R_{port, 円高} = 40\% \times 0.05 + 60\% \times 0.1$$
$$= 0.02 + 0.06$$
$$= 0.08$$

為替レートが変化しないとき，円安になるときの条件別利益率もおなじように計算されます。

$$R_{port, 不変} = 40\% \times 0.1 + 60\% \times 0.06 = 0.076$$
$$R_{port, 円安} = 40\% \times 0.2 + 60\% \times 0.02 = 0.092$$

これらの計算結果を図表7－8の最右列にまとめました。

為替レート	生起確率	輸出企業株	輸入企業株	ポートフォリオ
円　高	20%	0.05	0.1	0.08
変化なし	60%	0.1	0.06	0.076
円　安	20%	0.2	0.02	0.092
期待利益率		0.11	0.06	0.08
標準偏差		0.049	0.025	

図表7－8　ポートフォリオの条件別利益率

これで準備が整いましたので，個別株式のときとおなじ手順で標準偏差を計算します。まず偏差を求めます。為替レートが円高になるときの偏差は

---

7) Markowitz（1952, p.77）に「投資家にとって，期待利益率は望ましいものであり，リターンの変動率は望ましくないものであるという法則（rule）を考慮に入れる。この法則は，投資行動の格言としても仮説としても，多くの確固たる基礎を持つ。本稿では，予想と，「期待利益率－リターンの変動率」の法則に従うポートフォリオの選択との関係を，グラフを用いて描くことにする」（訳文は筆者）とある。

$$偏差_{port,円高} = R_{port,円高} - ER_{port}$$
$$= 0.08 - 0.08 = 0$$

為替レートが円高になるとき偏差は0です。おなじように，為替レートに変化がないとき，為替レートが円安になるときの偏差は

$$偏差_{port,不変} = 0.076 - 0.08 = -0.004$$
$$偏差_{port,円安} = 0.092 - 0.08 = +0.012$$

これらの偏差の値を分散の式に代入して計算すると

$$\sigma^2_{port} = p_{円高} \times (偏差_{port,円高})^2 + p_{不変} \times (偏差_{port,不変})^2 + p_{円安} \times (偏差_{port,円安})^2$$
$$= 20\% \times (0)^2 + 60\% \times (-0.004)^2 + 20\% \times (+0.012)^2$$
$$= 0.0000384$$

分散の平方根をとるとポートフォリオの標準偏差が得られます。

$$\sigma_{port} = \sqrt{\sigma^2_{port}} = \sqrt{0.0000384} = 0.006196\cdots$$

補論2　最小リスクポートフォリオ

図表7－6で効率的フロンティアを描くときに，ポートフォリオが達成できる最小リスク量を計算する必要があります。最小リスク量は効率的フロンティアの最も左下に位置する点から導かれるリスク量です。

ポートフォリオのリスク量は標準偏差で測ります。

$$\sigma_{port} = \sqrt{w^2_{ex}\sigma^2_{ex} + w^2_{im}\sigma^2_{im} + 2w_{ex}w_{im}cov_{ex,im}}$$

この式はルートがあり複雑です。そこで，代わりに最小の分散を求めることにします。下式のように，分散の式は標準偏差の式からルートを取り除いただけですので，ポートフォリオの分散が最小化されるとき，ポートフォリオの標準偏差も最小化されます。

$$\sigma^2_{port} = w^2_{ex}\sigma^2_{ex} + w^2_{im}\sigma^2_{im} + 2w_{ex}w_{im}cov_{ex,im}$$

輸出企業株に投資する資金の比率をw，輸入企業株に投資する資金の比率を$1-w$におきかえると

$$\sigma^2_{port} = w^2\sigma^2_{ex} + (1-w)^2\sigma^2_{im} + 2w(1-w)cov_{ex,im}$$

ポートフォリオのリスク量は w の2次関数となります。この式のグラフは下に凸ですから，変分が0のとき最小の値をとります。上式を w で微分して1階の導関数を求めると

$$\frac{d\{\sigma_{port}^2(w)\}}{dw} = 2w\sigma_{ex}^2 + (-2+2w)\sigma_{im}^2 + (2-4w)cov_{ex,im}$$

この式の値が0のときリスク量は最小となります。リスク量が最小となる w の値は

$$2w\sigma_{ex}^2 + (-2+2w)\sigma_{im}^2 + (2-4w)cov_{ex,im} = 0$$

$$w\sigma_{ex}^2 - \sigma_{im}^2 + w\sigma_{im}^2 + cov_{ex,im} - 2wcov_{ex,im} = 0$$

$$w\sigma_{ex}^2 + w\sigma_{im}^2 - 2wcov_{ex,im} = \sigma_{im}^2 - cov_{ex,im}$$

$$w = \frac{\sigma_{im}^2 - cov_{ex,im}}{\sigma_{ex}^2 + \sigma_{im}^2 - 2cov_{ex,im}}$$

輸出企業株と輸入企業株の例で用いた値を式に代入すると

$$w = \frac{0.000625 - (-0.0012)}{0.0024 + 0.000625 - 2(-0.0012)}$$

計算結果はおおよそ33.8％になります。w は輸出企業株に投資する資金の比率ですから，輸出企業株に投資する資金の比率が33.8％のとき，ポートフォリオのリスク量は最小になります[8]。

参考文献

- Chambers, S. P., 1934, Fluctuations in Capital and the Demand for Money, Review of Economic Studies, 2, 1, 38-50.
- Lintner, John, 1965, The Valuation of Risk Assets and the Selection of Risky Investments in Stock Portfolios and Capital Budgets, Review of Economics and Statistics, 47, 1, 13-37.
- Markowitz, Harry Max, 1952, Portfolio Selection, Journal of Finance, 7, 1, 77-91.
- Sharpe, William Forsyth, 1964, Capital Asset Prices: A Theory of Market Equilibrium under Conditions of Risk, Journal of Finance, 19, 3, 425-442.
- Taylor, W. G. Langworthy, 1905, The Source of Financial Power, Journal of Political Economy, 13, 3, 368-388.

Reading List

- Markowitz, Harry Max, 1991, Foundations of Portfolio Theory, Journal of Finance, 46, 2, 469-477.
- Varian, Hal, 1993, A Portfolio of Nobel Laureates: Markowitz, Miller and Sharpe, Journal of Economic Perspectives, 7, 1, 159-169.

8）この投資比率で組成するポートフォリオのことを，最小リスクポートフォリオ（Minimum Variance Portfolio）という。

第 8 章

リスクの分散

　図表 8 − 1 はポートフォリオの選択を表しています。曲線で表される効率的フロンティアと点線で表される無差別曲線が点Aで接しています。投資家のリスク回避度がこの無差別曲線で表されるとき，最適な投資戦略は点Aを実現する資金の割り振り方です。

　前章では 2 つの株式でポートフォリオを組成しました。本章では， 2 つより多くの株式でポートフォリオを組成して，より望ましいリスクとリターンを実現できるか考えます。

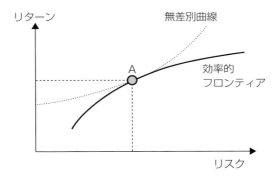

図表 8 − 1　ポートフォリオの選択

1　分散共分散行列

　前章で，ポートフォリオの分散は下式から得られることを学びました。

$$\sigma^2_{port} = w^2_{ex}\sigma^2_{ex} + w^2_{im}\sigma^2_{im} + 2w_{ex}w_{im}cov_{ex,im}$$

　この式には輸出企業株の分散 σ^2_{ex} が 1 つ，輸入企業株の分散 σ^2_{im} が 1 つ含まれています。輸出企業株と輸入企業株の共分散 $cov_{ex,im}$ には 2 が掛け合わされていますので，式に共分散が 2 つ含まれているとみることができます。上式にあらわれる分散と共分散を表にまとめたものを分散共分散行列といいます。

$$\begin{pmatrix} \sigma^2_{ex} & cov_{ex,im} \\ cov_{im,ex} & \sigma^2_{im} \end{pmatrix}$$

この行列の左上と右下のマスには，輸出企業株の分散と輸入企業株の分散が配置されています。右上と左下のマスには共分散が配置されています。右上の共分散 $cov_{ex,im}$ は，輸出企業株の利益率が変動したとき輸入企業株の利益率がどれほど変動するのかを表します。左下の共分散 $cov_{im,ex}$ は，輸入企業株の利益率が変動したとき輸出企業株の利益率がどれほど変動するのかを表します。「輸出企業株と輸入企業株の関係」は「輸入企業株と輸出企業株の関係」とおなじですので，2つの共分散の値は等しくなります。すなわち

$$cov_{ex,im} = cov_{im,ex}$$

ポートフォリオの分散の式の第3項は，$cov_{im,ex}$ を $cov_{ex,im}$ におきかえて下式のように表記したものです。

$$w_{ex}w_{im}cov_{ex,im} + w_{im}w_{ex}cov_{im,ex} = 2w_{ex}w_{im}cov_{ex,im}$$

ポートフォリオのリスクを詳しくみるとき，分散共分散行列を用います。

❷ リスク分散の極限

これまで，2つの株式からポートフォリオを組成することを考えてきました。ポートフォリオに組み入れる株式の数を増やすと，ポートフォリオの分散はどのように変化するのでしょうか[1]。

まず，ポートフォリオに組み入れる株式の数が3であるときのことを考えます。式をみやすくするために，ポートフォリオに組み入れる株式を $\{1, 2, 3\}$ という数字で表すことにします。ポートフォリオに3つの株式を組み入れるとき，分散共分散行列は次のようになります。

$$\begin{pmatrix} \sigma_1^2 & cov_{12} & cov_{13} \\ cov_{21} & \sigma_2^2 & cov_{23} \\ cov_{31} & cov_{32} & \sigma_3^2 \end{pmatrix}$$

個別株式の分散の数は，ポートフォリオに組み入れられる株式の数とおなじ3つです。共分散の数は3ペア，6つあります。株式1と株式2の関係を表す cov_{12} と cov_{21}，株式1と株式3の関係を表す cov_{13} と cov_{31}，株式2と株式3の関係を表す cov_{23} と cov_{32} の6つです。

ポートフォリオに組み入れる株式の数が3であるとき，ポートフォリオの分散は下式から得られます。この式には個別株式の分散が3つ，共分散が3ペア6つ含まれています。

---

[1] この節はFama and Miller（1976）のChapter 6にそって記述する。

$$\sigma_{port}^2 = w_1^2\sigma_1^2 + w_2^2\sigma_2^2 + w_3^2\sigma_3^2 + 2w_1w_2cov_{12} + 2w_1w_3cov_{13} + 2w_2w_3cov_{23}$$

たし算の記号Σを用いて上式をコンパクトに表記すると[2]

$$\sigma_{port}^2 = \sum_{j=1}^{3}(w_j^2\sigma_j^2) + \sum_{j=1}^{3}\sum_{\substack{k=1\\k\neq j}}^{3}(w_jw_k cov_{jk})$$

ポートフォリオの分散の性質をわかりやすくするために，3つの株式に同額ずつ資金を投ずると仮定します．すなわち

$$w_1 = w_2 = w_3 = \frac{1}{3}$$

これを代入すると

$$\sigma_{port}^2 = \sum_{j=1}^{3}\left\{\left(\frac{1}{3}\right)^2\sigma_j^2\right\} + \sum_{j=1}^{3}\sum_{\substack{k=1\\k\neq j}}^{3}\left(\frac{1}{3}\frac{1}{3}cov_{jk}\right)$$

少し変形すると

$$\sigma_{port}^2 = \frac{1}{3}\left(\frac{1}{3}\sum_{j=1}^{3}\sigma_j^2\right) + \frac{1}{3}\frac{3-1}{1}\left(\frac{1}{3}\frac{1}{3-1}\sum_{j=1}^{3}\sum_{\substack{k=1\\k\neq j}}^{3}cov_{jk}\right)$$

第1項の（ ）の中は3つある分散の平均を，第2項の（ ）の中は6つある共分散の平均を表します．分散の平均を$\bar{\sigma}$と表記し，共分散の平均を$\overline{cov}$と表記すると

$$\sigma_{port}^2 = \frac{1}{3}\bar{\sigma} + \frac{3-1}{3}\overline{cov}$$

ポートフォリオに組み入れる株式の数を3からJへ一般化すると

$$\sigma_{port}^2 = \frac{1}{J}\bar{\sigma} + \frac{J-1}{J}\overline{cov}$$

ポートフォリオに組み入れる株式の数Jが増えるにしたがい，第1項の$\frac{1}{J}$は0へ近づき，第2項の$\frac{J-1}{J}$は1へ近づきます．Jの値を上限なく大きくすると，ポートフォリオの分散はポートフォリオの共分散の平均に近づきます．

$$\lim_{J\to\infty}\sigma_{port}^2 = \overline{cov}$$

---

[2] Σの記号を用いた表記のしかたについては本章の補論を参照。

この結果から私たちが学ぶべきことは，ポートフォリオのリスクには，組み入れる株式を増やして除去できる部分と除去できない部分があるということです。除去できるのは個別株式の分散によって表される個別リスクであり，除去できないのは共分散によって表される市場リスクです[3]。

$$\sigma^2_{port} = 個別リスク＋市場リスク$$

図表8－2はポートフォリオに組み入れる株式の数とポートフォリオの分散との関係を表しています。組み入れる株式の数が多くないときには個別リスクをあまり除去できないので，ポートフォリオの分散は比較的大きな値をとります。組み入れる株式の数が多いときには個別リスクをおおよそ除去できるので，ポートフォリオの分散は比較的小さな値をとります。組み入れる株式の数を上限なく増やすと，ポートフォリオの分散は $\overline{cov}$ に近づいてゆきます。

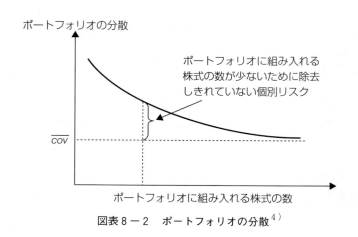

図表8－2　ポートフォリオの分散[4]

❸ 市場ポートフォリオ

投資できるすべての株式を組み入れて組成するポートフォリオを，市場ポートフォリオといいます。たとえば，東京証券取引所に上場しているすべての株式を組み入れたポートフォリオは，市場ポートフォリオと考えることができます。

前節でみたように，組み入れる株式の数を増やすとポートフォリオの分散は小さくなります。分散が小さくなると，ポートフォリオの標準偏差も小さくなります。投資できるす

---

3) Markowitz（1952, p.79）に「変数に相関がなければ，大数の法則からリスクは次第に0に近づいてゆくが，株式リターンには相関があるので，投資する銘柄数を増やしてもリスクは0にならない」（筆者による意訳）とある。
4) Evans and Archer（1968）のFigure 1を参考に作成。

べての株式を組み入れる市場ポートフォリオの標準偏差は最小となります。市場ポートフォリオの効率的フロンティアは，図表8－3のように，数銘柄しか組み入れていないポートフォリオの効率的フロンティアより左上に位置します。

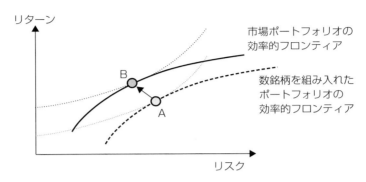

図表8－3　市場ポートフォリオ

　市場ポートフォリオは，リスク資産だけで実現できる最良の効率的フロンティアを提供します。したがって，リスクのある証券にしか投資できないとき，リスク回避的な投資家は市場ポートフォリオの効率的フロンティア上の点を選びます。たとえば，リスク回避度が図表8－3の無差別曲線によって表される投資家は，市場ポートフォリオに投資することで，リスクとリターンの関係をAからBへ改善することができます。

補論　分散の式

　本文で示したように，3つの株式を組み入れたポートフォリオの分散に含まれる個別株式の分散と共分散は次のようにまとめられます。

$$\begin{pmatrix} \sigma_1^2 & cov_{12} & cov_{13} \\ cov_{21} & \sigma_2^2 & cov_{23} \\ cov_{31} & cov_{32} & \sigma_3^2 \end{pmatrix}$$

　この分散共分散行列を用いると，ポートフォリオの分散は下式によって表されます。

$$\sigma_{port}^2 = \begin{pmatrix} w_1 & w_2 & w_3 \end{pmatrix} \begin{pmatrix} \sigma_1^2 & cov_{12} & cov_{13} \\ cov_{21} & \sigma_2^2 & cov_{23} \\ cov_{31} & cov_{32} & \sigma_3^2 \end{pmatrix} \begin{pmatrix} w_1 \\ w_2 \\ w_3 \end{pmatrix}$$

この式を見慣れない人は多いと思いますが，かけ算とたし算をコンパクトにまとめたものだと理解しましょう。順を追って計算すると，本文で示したポートフォリオの分散の式が得られます。まず左2つの（）を計算します。計算のしかたは，左にある（）の行と中央にある（）の列の積和です。左の（）と中央の（）の第1列だけ取り出して計算すると

$$(w_1 \quad w_2 \quad w_3) \begin{pmatrix} \sigma_1^2 \\ cov_{21} \\ cov_{31} \end{pmatrix} = w_1 \sigma_1^2 + w_2 cov_{21} + w_3 cov_{31}$$

おなじように第2列，第3列だけ取り出して計算すると

$$(w_1 \quad w_2 \quad w_3) \begin{pmatrix} cov_{12} \\ \sigma_2^2 \\ cov_{32} \end{pmatrix} = w_1 cov_{12} + w_2 \sigma_2^2 + w_3 cov_{32}$$

$$(w_1 \quad w_2 \quad w_3) \begin{pmatrix} cov_{13} \\ cov_{23} \\ \sigma_3^2 \end{pmatrix} = w_1 cov_{13} + w_2 cov_{23} + w_3 \sigma_3^2$$

これで左2つの（）の計算がおわりました。つづいてこれら3つの計算結果と右の（）の計算をします。計算のしかたは，それぞれの計算結果と右の（）の列の積和です。すなわち

$$\sigma_{port}^2 = (\text{第1列の計算結果} \quad \text{第2列の計算結果} \quad \text{第3列の計算結果}) \begin{pmatrix} w_1 \\ w_2 \\ w_3 \end{pmatrix}$$

ていねいに計算すると

$$\sigma_{port}^2 = (w_1 \sigma_1^2 + w_2 cov_{21} + w_3 cov_{31}) \times w_1$$
$$+ (w_1 cov_{12} + w_2 \sigma_2^2 + w_3 cov_{32}) \times w_2$$
$$+ (w_1 cov_{13} + w_2 cov_{23} + w_3 \sigma_3^2) \times w_3$$

$$\sigma_{port}^2 = w_1 w_1 \sigma_1^2 + w_1 w_2 cov_{21} + w_1 w_3 cov_{31}$$
$$+ w_1 w_2 cov_{12} + w_2 w_2 \sigma_2^2 + w_2 w_3 cov_{32}$$
$$+ w_1 w_3 cov_{13} + w_2 w_3 cov_{23} + w_3 w_3 \sigma_3^2$$

分散の項をはじめに，共分散の項をペアごとに後に並べると本文の式が得られます。

$$\sigma_{port}^2 = w_1^2 \sigma_1^2 + w_2^2 \sigma_2^2 + w_3^2 \sigma_3^2 + 2 w_1 w_2 cov_{12} + 2 w_1 w_3 cov_{13} + 2 w_2 w_3 cov_{23}$$

分散の項をたし算の記号Σを用いて表記すると

$$w_1^2\sigma_1^2+w_2^2\sigma_2^2+w_3^2\sigma_3^2=\sum_{j=1}^{3}(w_j^2\sigma_j^2)$$

共分散の項をたし算の記号Σを用いて表記すると

$$2w_1w_2\,cov_{12}+2w_1w_3\,cov_{13}+2w_2w_3\,cov_{23}=\sum_{j=1}^{3}\sum_{\substack{k=1\\k\neq j}}^{3}(w_jw_k cov_{jk})$$

この表現はたし算の記号Σが二重になっていて複雑です。展開して等式が成り立つことを確認してみます。まず，記号 j に $\{1,2,3\}$ を順に代入して外側のΣを展開します。

$$\sum_{j=1}^{3}\sum_{\substack{k=1\\k\neq j}}^{3}(w_jw_k cov_{jk})=\sum_{\substack{k=1\\k\neq 1}}^{3}(w_1w_k cov_{1k})+\sum_{\substack{k=1\\k\neq 2}}^{3}(w_2w_k cov_{2k})+\sum_{\substack{k=1\\k\neq 3}}^{3}(w_3w_k cov_{3k})$$

第1項のΣは，「kの値を1から3まで1,2,3と動かすが，kは1でない」と指示しています。よって，「kの値を2,3と動かす」ことになります。すなわち

$$\sum_{\substack{k=1\\k\neq 1}}^{3}(w_1w_k cov_{1k})=w_1w_2\,cov_{12}+w_1w_3\,cov_{13}$$

おなじように

$$\sum_{\substack{k=1\\k\neq 2}}^{3}(w_2w_k cov_{2k})=w_2w_1\,cov_{21}+w_2w_3\,cov_{23}$$

$$\sum_{\substack{k=1\\k\neq 3}}^{3}(w_3w_k cov_{3k})=w_3w_1\,cov_{31}+w_3w_2\,cov_{32}$$

展開してあらわれた6つの共分散を3ペアにまとめると

$$\sum_{j=1}^{3}\sum_{\substack{k=1\\k\neq j}}^{3}(w_jw_k cov_{jk})=2w_1w_2\,cov_{12}+2w_1w_3\,cov_{13}+2w_2w_3\,cov_{23}$$

ポートフォリオの分散を下式のように表せることが確かめられました。

$$\sigma_{port}^2=\sum_{j=1}^{3}(w_j^2\sigma_j^2)+\sum_{j=1}^{3}\sum_{\substack{k=1\\k\neq j}}^{3}(w_jw_k cov_{jk})$$

参考文献

- Evans, John L., and Stephen H. Archer, 1968, Diversification and the Reduction of Dispersion: An Empirical Analysis, Journal of Finance, 23, 5, 761-767.
- Fama, Eugene Francis, and Merton Howard Miller, 1976, Theory of Finance, Holt Rinehart & Winston.
- Markowitz, Harry Max, 1952, Portfolio Selection, Journal of Finance, 7, 1, 77-91.

Reading List

- Fama, Eugene Francis, 1965, Portfolio Analysis in a Stable Paretian Market, Management Science, 11, 3, Series A, Sciences, 404-419.
- Gressis, Nicolas, and William A. Remaley, 1974, Comment: "Safety First--An Expected Utility Principle", Journal of Financial and Quantitative Analysis, 9, 6, 1057-1061.
- Hastie, K. Larry, 1967, The Determination of Optimal Investment Policy, Management Science, 13, 12, Series B, Managerial, B757-B774.
- Jensen, Michael Cole, 1969, Risk, the Pricing of Capital Assets, and the Evaluation of Investment Performance, Journal of Business, 42, 2, 167-247.
- Merton, Robert Cox, 1972, An Analytic Derivation of the Efficient Portfolio Frontier, Journal of Financial and Quantitative Analysis, 7, 4, 1851-1872.
- Merton, Robert Cox, and Paul Anthony Samuelson, 1974, Fallacy of the Log-Normal Approximation to Optimal Portfolio Decision-Making over Many Periods, Journal of Financial Economics, 1, 1, 67-94.
- Samuelson, Paul Anthony, 1967, General Proof that Diversification Pays, Journal of Financial and Quantitative Analysis, 2, 1, 1-13.
- Statman, Meir, 1987, How Many Stocks Make a Diversified Portfolio?, Journal of Financial and Quantitative Analysis, 22, 3, 353-363.

第9章

無リスク資産の導入

　前章まで，リスクがある証券にだけ投資することを考えてきました。本章では，リスクがない特別な金融商品にも投資できるとき，リスク回避的な投資家にとって何が最適な戦略なのかを考えます。

❶ 無リスク資産

　経済には，投資をはじめる時点で利益率（利回り）が確定する金融商品があります。この種の商品は，リスクがないとみなせることから，無リスク資産といいます。

　預金保険法は，金融機関が預金を払い戻せなくなったときや，営業免許を取り消されたり破綻したときに，定期預金の元本1千万円までとその利息が払い戻されると定めています。定期預金は無リスク資産とみなすことができます[1]。

❷ CML

　無リスク資産にも投資できるとき，リスク回避的な投資家にとって何が最適な戦略なのでしょうか。前章で学んだように，リスク回避的な投資家はリスク資産を市場ポートフォリオで保有することが最適となります。そこで，ここでは市場ポートフォリオを1つの資産と捉え，市場ポートフォリオと無リスク資産からなるポートフォリオについて考えます。

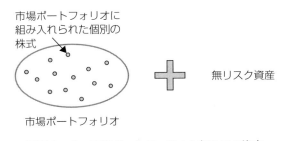

図表9－1　市場ポートフォリオと無リスク資産

---

[1] 預金保険法49条に「一定の金額の範囲内において，当該預金等の払戻しにつき，機構と当該金融機関及び預金者等との間に保険関係が成立する」とある。

市場ポートフォリオの期待利益率を ER_M, 標準偏差を σ_M とおきます。無リスク資産の利益率を R_0 とおきます。無リスク資産の標準偏差は定義上 0 です。また，市場ポートフォリオに投ずる資金の比率を w，無リスク資産に投ずる資金の比率を $1-w$ とおきます。

	市場ポートフォリオ	無リスク資産
期待利益率	ER_M	R_0
標準偏差	σ_M	0

図表9－2　リターンとリスク

このとき，ポートフォリオの期待利益率は次式によって表されます。

$$ER_{port} = w\,ER_M + (1-w)\,R_0$$

式を少し変形すると

$$ER_{port} = R_0 + w\,(ER_M - R_0)$$

ポートフォリオの分散は

$$\sigma_{port}^2 = w^2 \sigma_M^2 + (1-w)^2 (0)^2 + 2w(1-w)\,cov_{M0}$$

利益率が変動する市場ポートフォリオと，利益率が変動しない無リスク資産のうごきはまったく連動しないので，共分散 cov_{M0} の値は 0 です。すると，分散の式は

$$\sigma_{port}^2 = w^2 \sigma_M^2$$

両辺平方根をとると，ポートフォリオの標準偏差が得られます。

$$\sigma_{port} = w\sigma_M$$

これを w について解くと

$$w = \frac{\sigma_{port}}{\sigma_M}$$

w を期待利益率の式に代入すると

$$ER_{port} = R_0 + \frac{\sigma_{port}}{\sigma_M}\,(ER_M - R_0)$$

$$ER_{port} = R_0 + \frac{ER_M - R_0}{\sigma_M}\,\sigma_{port}$$

図表9−3は式をグラフにしたものです。横軸にσ_{port}，縦軸にER_{port}をとると，上式は切片がR_0で傾きが$\frac{ER_M - R_0}{\sigma_M}$の直線になります。これを資本市場線（CML）といいます[2]。

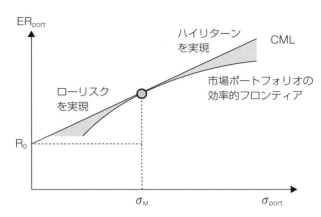

図表9−3　資本市場線と市場ポートフォリオ

興味深いことに，資本市場線は市場ポートフォリオの効率的フロンティアと1点で接します。これは無リスク資産に投ずる資金の比率が0であるとき，資金の全額を市場ポートフォリオに投ずることになることから理解されます。式でこのことをみてみましょう。資金の全額を市場ポートフォリオに投ずるとき，ここで考えているポートフォリオのリスク量σ_{port}は市場ポートフォリオのリスク量σ_Mと等しくなります。これを代入すると，下式のように，ポートフォリオの期待利益率はER_Mと等しくなります。

$$ER_{port} = R_0 + \frac{ER_M - R_0}{\sigma_M} \sigma_M$$

$$= R_0 + (ER_M - R_0)$$

$$= ER_M$$

図表9−3の左下にある色をつけた領域は，市場ポートフォリオと無リスク資産からポートフォリオを組成すると，市場ポートフォリオよりもリスクを小さくできることを表しています。右上にある色をつけた領域は，市場ポートフォリオと無リスク資産からポートフォリオを組成すると，市場ポートフォリオよりもリターンを高くできることを示しています。したがって，無リスク資産にも投資できるとき，リスク回避的な投資家は資本市場線上の点を選ぶことが最適となります。

資本市場線上のどの点が最適かは投資家のリスク回避度によります。リスク回避度が図

2）資本市場線は英語でCapital Market Lineと表記する。

表9－4の無差別曲線I_1によって表される投資家は，リスクを避けたいという気持ちが比較的強い投資家です。この投資家にとって最適な戦略は無差別曲線I_1とCMLの接点によって与えられます。投資資金の一部を無リスク資産へ，残りを市場ポートフォリオに投ずることが最適となります。リスク回避度が無差別曲線I_2によって表される投資家は，リスクを避けたいという気持ちが比較的弱い投資家です。この投資家にとって最適な戦略は無差別曲線I_2と資本市場線の接点によって与えられます。手持ち資金と借り入れた資金のすべてを市場ポートフォリオに投ずることが最適となります。

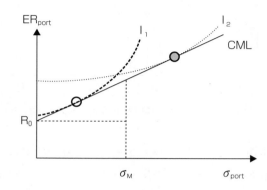

図表9－4　投資家のリスク回避度に応じた最適戦略[3]

図表9－5は最適戦略の区分を表しています。無差別曲線がAの部分でCMLと接する投資家は，資金の一部を無リスク資産へ，残りを市場ポートフォリオへ投ずることが最適となります。無差別曲線が点BでCMLと接する投資家は，資金の全額を市場ポートフォリオへ投ずることが最適となります。無差別曲線がCの部分でCMLと接する投資家は，手持ち資金と借り入れ資金のすべてを市場ポートフォリオへ投ずることが最適となります。

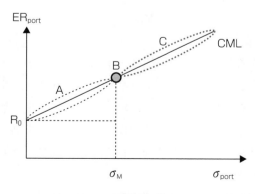

図表9－5　最適戦略の区分

3）Lintner（1965, p.19）のFigure 1，Jensen（1972, p.360）のFigure 1を参照して作成。

3 パッシブ運用

　前節で，リスク回避的な投資家にとって最適な戦略は無差別曲線と資本市場線（CML）の接点から導かれることを学びました。この理論を実践するにはどうすればよいのでしょうか。現実の世界にある無リスク資産とみなせるものは定期預金などです。市場ポートフォリオとみなせるものはExchange Traded Fund（ETF）です。ETFとは，多くの株式から組成されるポートフォリオを，ふつうの株式とおなじように取引できるようにした証券です。図表9－6は代表的なETFを紹介しています。

　日経平均とは，東京証券取引所第一部に上場している225の株式の平均株価です。経済ニュースで「今日の日経平均株価の終値は…」と聞く，その価格です。TOPIXとは，東京証券取引所第一部に上場しているすべての株式から組成されるポートフォリオの時価総額です。時価総額とは株価と株数をかけあわせたものです。日経平均は価格，TOPIXは市場の大きさを表していますが，両者はほぼ連動してうごいています。JPX日経400とは，東京証券取引所第一部，第二部，マザーズ，JASDAQに上場する業績のよい400社から組成されるポートフォリオの時価総額です。

　私たちは，日経平均，TOPIX，JPX日経400に連動するETFを市場ポートフォリオとみなして投資することができます。はじめて株式投資をする人は，これらのETFが有力な投資先になるのではないでしょうか[4]。

理　論	資　産	商　品
無リスク資産	預　金	金融機関の定期預金
市場ポートフォリオ	ETF	日経平均 TOPIX JPX日経400

図表9－6　パッシブ運用の実践

　次ページの図表9－7は投資信託の残高を国別に示しています。米国の残高は1,887兆円と飛び抜けて多いことがわかります。日本の残高は146兆円です。金融経済のしくみが異なるため単純に比べることは難しいのですが，このグラフが民間企業を支える国民の熱意を示すものと考えると，わが国の残高はもっと増えてよいのかもしれません。

4）ETFについては日本取引所，株式・ETF・REIT等，ETF，銘柄一覧を参照。東日本大震災発災後の東京電力株は，個別企業の株式に全額投資するリスクの大きさをよく表している。日経平均株価の水準と日経平均株価に連動するETFの水準には600円を超える差がある。この点については佐々木（2017）を参照。

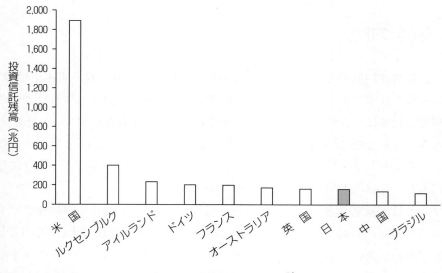

図表 9 − 7 投資信託の残高[5]

---

5) 一般社団法人投資信託協会,投資信託の世界統計,2016年第4四半期(10月～12月)から2016年末のデータを取得し作成。1ドル100円で円換算して掲示した。日米の家計金融構造の違いは福原(2016)を参照。

補論　日経平均とTOPIX

本文で紹介した日経平均とTOPIXというインデックスの算出方法を説明します。

◇日経平均

日経平均は日本経済新聞社が算出し公表している株価指数です。日本経済新聞社は複数の株価指数を公表していますが，「日経平均」として言及されるのは，東京証券取引所第一部上場銘柄のうち，主要な225社の株価をもとに算出される日経225です[6]。日経225は下式から算出します[7]。

$$日経平均株価 = \frac{225社の採用株価の合計}{除数}$$

採用株価は下式から算出します。式中のみなし額面とは，株価を調整するための係数です。次ページの図表9−8は日経平均採用銘柄のみなし額面を表しています。大半の銘柄はみなし額面が50円であることがわかります。よって，大半の銘柄は取引でつく株価が採用株価となります。

$$採用株価 = 1株株価 \times \frac{50円}{みなし額面}$$

除数とは，株式の分割や新規発行によって個別株式の適正価格が変化したときに，指数の連続性を失わないように毎営業日再計算される値です。2017年1月24日現在で，除数の値は26.301でした[8]。

指数の算出はこのように複雑です。私たちが理解すべきは，「連続性を維持するために，株価を少し調整して値を算出する」ということです。日経平均株価は15秒間隔で算出されます[9]。

---

6) その他の指数については，日経平均プロフィルというウェブサイトを参照。
7) 算出の詳細は株式会社日本経済新聞社（2011），株式会社日本経済新聞社インデックス事業室（2013）を参照。
8) 日本経済新聞社，インデックス事業室，インデックス・ニュースからデータを取得。
9) 株式会社日本経済新聞社（2015, p.3）を参照。

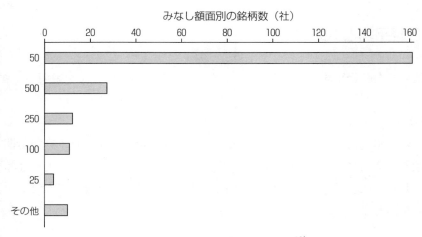

図表9－8　みなし額面別の銘柄数[10]

　日経225に採用される225社は毎年10月に定期的に入れ替えられます。定期入れ替えは，売買のしやすさにセクターのバランスを加味して行われます。売買のしやすさは流動性の指標で測ります。セクターとは，日本経済新聞社による36業種の分類を技術，金融，消費，素材，資本財・その他，運輸・公共の6つにまとめた各グループのことです。2016年10月3日に実施された銘柄入れ替えでは，素材セクターに属する日本曹達株式会社が除外され，消費セクターに属する楽天株式会社が採用されました。

◇TOPIX

　Tokyo Stock Price Index（TOPIX）は，東京証券取引所第一部に上場しているすべての会社の指数用時価総額をもとに下式から算出します。

$$TOPIX = \frac{算出時の指数用時価総額}{1968年1月4日の指数用時価総額} \times 100$$

指数用時価総額は下式から算出します[11]。式中の浮動株とは，発行された株式のうち，活発に売買される株式のことです。

$$指数用時価総額 = (株価 \times 株数) \times 浮動株比率$$

　図表9－9は，東証一部上場銘柄のうち時価総額が大きい500社の特徴を示しています。左図は浮動株比率を表しています。浮動株比率は下式から算出されます。式中の固定

---

10) 日経平均プロフィル，日経平均株価みなし額面一覧（2017/1/24現在）からデータを取得し作成。その他のみなし額面は25/3, 10, 50/3, 100/3, 125, 500/3, 200円である。
11) 採用価格，指数用株式数など詳細は東京証券取引所（2015）を参照。

株数とは有価証券報告書に記されている10大株主の持ち株数，自己株式数，持合株式数，役員保有株式数などを含みます。500社のうち，浮動株比率が50％を超えているのは435社であり，80％を超えているのは100社ほどであることがわかります。

$$浮動株比率 = 1 - \frac{固定株数}{指数用上場株式数}$$

図表9－9の右図は東証一部の時価総額の累積値を表しています。上位100社が東証一部の時価総額の60％を占めていることがわかります。500社で東証一部の時価総額の90％ほどを占めています。

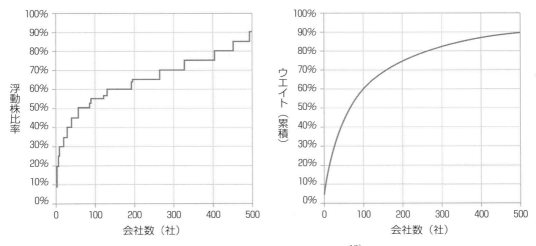

図表9－9　浮動株比率とウエイト[12]

TOPIXは，基準日の指数用時価総額を100として，その時の時価総額を指数で表します。指数とは基準時点との違いを指し示す数です。指数値が1,000であるなら，東京証券取引所第一部の時価総額は，基準日である1968年1月4日と比べて10倍大きいことになります。本書執筆時点でTOPIXは1,500ポイント前後を推移しています。これは，基準日に比べて東京証券取引所第一部の時価総額が15倍大きいことを意味します。

---

[12] 日本取引所，TOPIX（東証株価指数），構成銘柄情報（浮動株比率，構成ウエイト）からCore30，Large70，Mid400の2016年7月末データを取得し作成。浮動株比率は2016年9月末で非公表となった。浮動株比率の算出については東京証券取引所（2014）を参照。

参考文献

【和書】

- 株式会社東京証券取引所『浮動株比率の算定方法』2014年。
- 株式会社東京証券取引所『東証指数算出要領（市場別指数編）』2015年。
- 株式会社日本経済新聞社『日経平均株価 算出要領』2011年。
- 株式会社日本経済新聞社『よくあるご質問（日経平均株価について）』2015年。
- 株式会社日本経済新聞社インデックス事業室『株がわかる！日経平均公式ガイドブック』第2版, 2013年。
- 佐々木浩二『大阪取引所で取引される国内株価指数先物』先物・オプションレポート, 29, 4, 1-13, 大阪取引所, 2017年。
- 福原敏恭『日米家計のリスク資産保有に関する論点整理』BOJ Reports & Research Papers, 2016年。

【洋書】

- Jensen, Michael Cole, 1972, Capital Markets：Theory and Evidence, Bell Journal of Economics and Management Science, 3, 2, 357-398.
- Lintner, John, 1965, The Valuation of Risk Assets and the Selection of Risky Investments in Stock Portfolios and Capital Budgets, Review of Economics and Statistics, 47, 13-37.

Reading List

- 杉田浩治『世界の投資信託30年の変化と今後の課題』日本証券経済研究所, 2016年。
- 杉田浩治『拡充をつづける世界のETF（その現況と成長の背景，今後の展開）』日本証券経済研究所, 2017年。
- 株式会社東京証券取引所情報サービス部『学んでみよう！株価指数』2007年。
- Fama, Eugene Francis, and Kenneth R. French, 2002, The Equity Premium, Journal of Finance, 57, 2, 637-659.
- Schwert, G. William, 1990, Indexes of U.S. Stock Prices from 1802 to 1987, Journal of Business, 63, 3, 399-426.
- Schwert, G. William, 1990, Stock Returns and Real Activity: A Century of Evidence, Journal of Finance, 45, 4, 1237-1257.
- Tobin, James, 1958, Liquidity Preference as Behavior Towards Risk, Review of Economic Studies, 25, 2, 65-86.
- Varian, Hal, 1993, A Portfolio of Nobel Laureates: Markowitz, Miller and Sharpe, Journal of Economic Perspectives, 7, 1, 159-169.

第3部

株式投資の実践

第10章

アクティブ運用①：テクニカル分析

　第2部では，リスク回避的な投資家にとって最適な投資戦略はパッシブ運用であることを学びました。株式投資の理論から導かれるこの結論は，どれほどの成果を収めてきたのでしょうか。

　図表10－1の左図は1950年末から1989年末のTOPIXを示しています。1950年末に11.57ポイントであったTOPIXは，1970年代前半に発生した第1次石油ショックのときに落ち込んだものの，その後急上昇し，1989年末に2,881.37ポイントに達しました。右図は1990年末から2016年末のTOPIXを示しています。1989年末までのようすと異なり，数年の周期で上下しながら少しずつ下値を切り下げてきました。2011年以降は上昇してきましたが，1,800ポイントを回復できていません。

　1989年まではパッシブ運用で大きな成果が得られました。1990年以降はパッシブ運用で損失が生じています。パッシブ運用はいつでも確実に成果が得られる投資手法ではないようです。

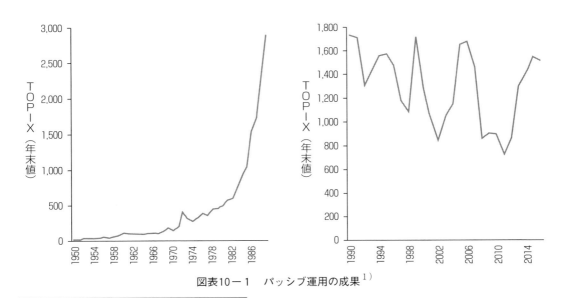

図表10－1　パッシブ運用の成果[1]

---

1) 日本取引所グループ，TOPIX（東証株価指数），指数値の推移からデータを取得し作成。Fama (1965, p.39) は，テクニカル分析を用いる投資家を "chart reader"，ファンダメンタル分析を用いる投資家を "intrinsic value analyst" と表記している。

過去25年ほどの市場環境を反映して，株式を売買するタイミングに関心が寄せられるようになりました。最適なタイミングで株式を売買して利益を得ようとする投資の手法をアクティブ運用といいます。アクティブ運用はテクニカル分析とファンダメンタル分析に大別されます。本章ではテクニカル分析について説明します。

❶ テクニカル分析

テクニカル分析とは，「チャートにより市場の動きを研究」し「将来の価格の方向性を予測」する手法のことです。テクニカル分析は次の3つの前提をもとに行われます[2]。

1つめは，価格はすべてを織り込むという前提です。図表10－2が示すように，株価に影響を与える情報は多岐にわたります。多様な情報のうち，何がどれだけ株価に影響するのか解明するのは困難です。テクニカル分析ではそのような難しいことにこだわらず，情報が織り込まれた株価に注目します。

図表10－2　株価に影響を与える情報

2つめは，株価はトレンドを形成するという前提です。株価のうごきの傾向をトレンドといいます。図表10－3は衣料品チェーン『ユニクロ』を運営しているファーストリテイリングの株価を表しています。株価のうごきを表すこの図をチャートといいます。

チャートをみると，2014年の春から2015年の夏にかけて株価は上昇傾向にあり，2015年夏から2016年初夏まで株価は下降傾向にあります。このような，一定期間の株価のうごきが形成する上昇と下降の傾向をトレンドといいます。テクニカル分析では，株価のトレンドに注目します。

3つめは，歴史は繰り返すという前提です。テクニカル分析では，株価の特定のうごきをトレンド転換のシグナルと解釈します。さらに，これまでトレンド転換のシグナルとして有効であった株価のうごきは，これからもトレンド転換のシグナルとして有効でありつづけると考えます。

---

[2] 日本興業銀行国際資金部訳（1993, pp.1-2）から引用。Fama（1965, p.34）も参照。

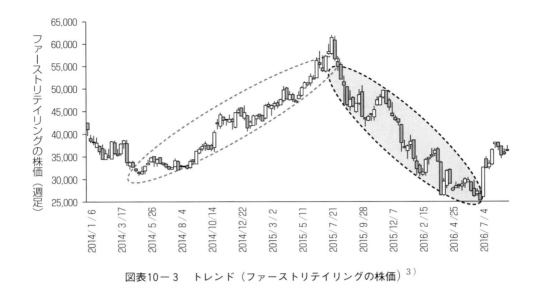

図表10－3　トレンド（ファーストリテイリングの株価）[3]

　テクニカル分析はこれら3つの前提が成り立つときに成果を得る投資手法です。現実の株価がこれらの前提を満たすのであれば，トレンド転換のシグナルにしたがって売買することで利益が得られます。たとえば，図表10－4のように，下降トレンドから上昇トレンドへの転換シグナルが出たときに買い，上昇トレンドから下降トレンドへの転換シグナルが出たときに売れば，差額が利益となります。トレンド転換のシグナルに100％の信頼性がなくても，一定以上の確率でトレンド転換を予測できれば，売買を繰り返すことで利益を確保することができます。

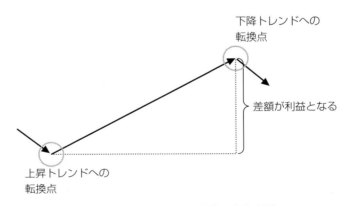

図表10－4　トレンドの転換と投資利益

3）日経NEEDS Financial Questから株価を取得し作成。

❷ テクニカル分析の手法

　書店の株式投資のコーナーには，テクニカル分析に関する多くの本が置かれています。中でも『テクニカル分析大全』は，多くの手法を網羅的に収録した辞典のようなものです。ここでは，この本に掲載されているローソク足，移動平均線，トレンドライン，RSIという代表的な手法を紹介します[4]。

◇ローソク足

　テクニカル分析では，図表10－5のように，長方形と棒を組み合わせた図形を連ねて株価のうごきを表すことが多いです。この図形のことをローソク足といいます。

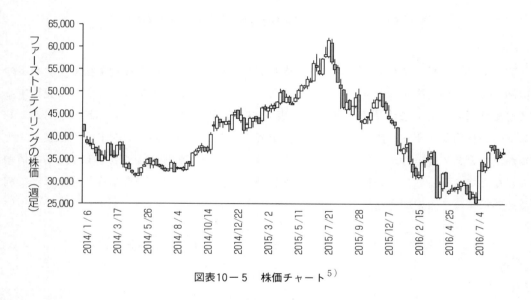

図表10－5　株価チャート[5]

　図表10－6はチャートにあるローソク足の1つを拡大したものです。ローソク足の中ほどにある長方形を実体といいます。実体から上へ伸びる線を上ひげ，下に伸びる線を下ひげといいます。上ひげの最高点は取引の期間中についた最高値を表し，下ひげの最下点は取引の期間中についた最安値を表します。

4）この節は日本テクニカルアナリスト協会編（2009）を参照して記述した。ローソク足についてはpp.330-372を，移動平均線についてはpp.137-168を，トレンドラインについてはpp.187-204を，RSIについてはpp.252-256を参照。
5）日経NEEDS Financial Questから株価を取得し作成。

図表10-6のように実体が白抜きであるローソク足を陽線といいます。陽線の実体の下端は取引期間のはじめについた株価を，実体の上端は取引期間のおわりについた株価を表します。

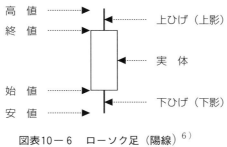

図表10-6　ローソク足（陽線）[6]

ローソク足は取引期間の値うごきをコンパクトな図にしたものです。たとえば，図表10-7のような陽線は，取引期間がはじまってすぐに安値をつけ，その後相場環境が好転して高値をとり，利益確定の売りに若干押されて取引期間を終えたことを反映しています。

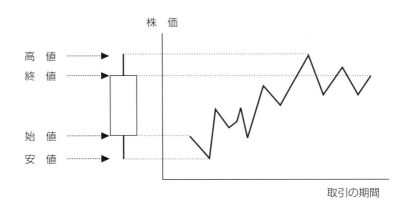

図表10-7　陽線から推測される値動き[7]

テクニカル分析では，次ページの図表10-8に掲げるような陽線1つでトレンドを判定することがあります。たとえば，図表の左にある大陽線は，取引期間に株価が上がりつづけたときにあらわれます。株価が上がりつづけるとき，始値と安値，終値と高値は等しくなりますので，大陽線には上ひげも下ひげもありません。この単線は強い上昇トレンドを示唆します。中央にある小陽線は，取引期間に株価が上下をくり返し，若干のプラスで

6）日本テクニカルアナリスト協会編（2009, p.331）の図6-1を参照して作成。
7）この陽線を形作る値動きは1通りでないことに留意する。

取引を終えたときにあらわれます。株価が上下するとき，実体はせまく，上ひげと下ひげが生じます。この単線は株価が上がれば売られ，下がれば買われる方向感に乏しい相場を示唆します。右にある下影陽線は，取引の期間中に株価が大幅に下落し，その後買い戻されて取引を終えたときにあらわれます。売りをこなした後高値で引けたとき実体はせまく，長い下ひげが生じます。この単線は下降トレンドから上昇トレンドへの転換を示唆します。

図表10－8　陽線単線によるトレンド判定[8]

　図表10－9のように，実体が濃い色で塗りつぶされているローソク足を陰線といいます。陰線の実体の上端は取引期間のはじめについた株価を，実体の下端は取引期間のおわりについた株価を表します。陽線とは始値と終値の位置が異なることに注意が必要です。図表の陰線は，取引期間がはじまってすぐに高値をとり，その後相場環境が悪化して安値をつけ，買い戻しが若干入って取引を終えたことを反映しています。

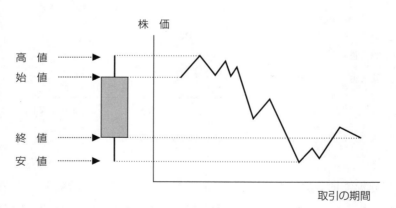

図表10－9　陰線から推測される値動き[9]

　テクニカル分析では，図表10－10に掲げるような陰線1つでトレンドを判定することがあります。たとえば，図表の左にある大陰線は，取引期間に株価が下がりつづけたとき

8）日本テクニカルアナリスト協会編（2009, p.332）の図6－2を参照して作成。
9）この陰線から推測される値動きは1通りでないことに留意する。

にあらわれます。株価が下がりつづけるとき，始値と高値，終値と安値は等しくなりますので，大陰線には上ひげも下ひげもありません。この単線は強い下降トレンドを示唆します。中央にある小陰線は，取引期間に株価が上下をくり返し，若干のマイナスで取引を終えたときにあらわれます。株価が上下するとき実体はせまく，上ひげと下ひげが生じます。この単線は方向感に乏しい相場を示唆します。右にある上影陰線は，取引の期間中に株価が大幅に上昇し，その後売られて取引を終えたときにあらわれます。高値をとった後に株価を維持できず安値で引けたとき実体はせまく，長い上ひげが生じます。この単線は上昇トレンドから下降トレンドへの転換を示唆します。

大陰線　　　小陰線　　　上影陰線

図表10－10　陰線単線によるトレンド判定[10]

　複数のローソク足をまとめてトレンドを判定することもあります。図表10－11は複数足のトレンド判定の例を表しています。これらについては専門書を参照してください。

上昇トレンドへの転換	下降トレンドへの転換
三川明けの明星	三川宵の明星
逆三山底	三山天井
赤三兵	三羽烏

図表10－11　複数足によるトレンド判定[11]

　ローソク足は，どれくらいの期間の取引を1つのローソク足にするかで姿が異なることに注意すべきです。1日の値うごきを1つのローソク足にしたものを日足，1週間の値うごきを1つのローソク足にしたものを週足，1月の値うごきを1つのローソク足にしたものを月足といいます。次ページの図表10－12はファーストリテイリングの日足と月足を表しています。日足で見ると気迷い相場，月足で見ると上昇トレンドのはじめであるように見えます。投資家は，自らの投資期間にあったローソク足を分析に用いなければなりません。

---

10)　日本テクニカルアナリスト協会編（2009, p.334）の図6－3を参照して作成。
11)　日本テクニカルアナリスト協会編（2009, pp.336-356）を参照。

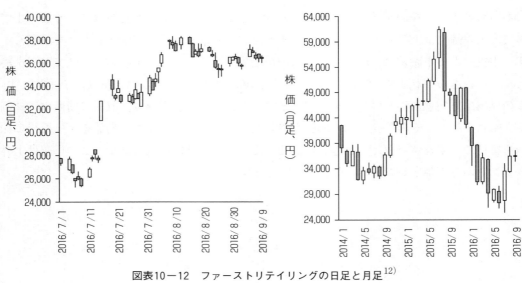

図表10-12　ファーストリテイリングの日足と月足[12]

◇移動平均線

　移動平均線とは過去の株価の平均である移動平均を用いてトレンドを判定する手法です。図表10-13は，ファーストリテイリングの日足株価から3日移動平均を算出しています。n日移動平均は，その日を含む過去n営業日の株価の平均値です。たとえば，2016年9月5日の3日移動平均は，9月5日，9月2日，9月1日の株価の平均です。すなわち

$$9月5日の3日移動平均 = \frac{35,940 + 35,700 + 37,120}{3} = 36,253$$

　9月6日から9月8日の3日移動平均もおなじように算出します。

	終値	3日移動平均
2016年9月1日	35,940	
2016年9月2日	35,700	
2016年9月5日	37,120	36,253
2016年9月6日	36,860	36,560
2016年9月7日	36,390	36,790
2016年9月8日	36,410	36,553

図表10-13　株価の3日移動平均[13]

---

12) 日経NEEDS Financial Questから株価を取得し作成。

移動平均線とは株価の移動平均を結ぶ線のことです。テクニカル分析では，長短の移動平均線を組み合わせてトレンドを判定することが多いです。日足で分析するときには25日と75日の移動平均線を，週足で分析するときには13週と26週の移動平均線を，月足で分析するときには12か月と24か月の移動平均線を用いることが多いようです。

	短期移動平均	長期移動平均
日　足	25日	75日
週　足	13週	26週
月　足	12か月	24か月

図表10－14　短期と長期の移動平均[14]

　短期移動平均線が長期移動平均線を下から上へ通過するゴールデンクロスは，上昇トレンドへの転換シグナルです。短期移動平均線が長期移動平均線を上から下へ通過するデッドクロスは，下降トレンドへの転換シグナルです。

　図表10－15は移動平均線を用いてファーストリテイリングのトレンドを分析したものです。2014年の夏にゴールデンクロスが生じました。その後株価は3万円も値上がりしました。2015年夏にはデッドクロスが生じました。チャートをみると，下降トレンドの転換シグナルとしては遅きに失した感がありますが，35,000円近辺で購入して45,000円近辺で売却すれば，1株あたり10,000円の利益を得たことになります。もしこのシグナルに

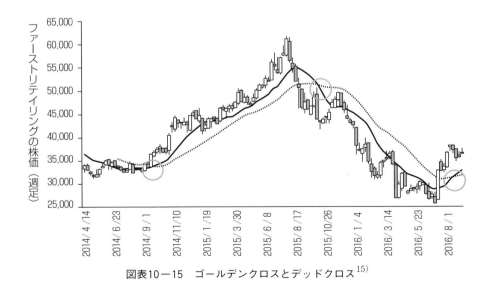

図表10－15　ゴールデンクロスとデッドクロス[15]

---

13) 日経NEEDS Financial Questから株価を取得し作成。
14) 日本テクニカルアナリスト協会編（2009, p.140）の表1－5を参照して作成。
15) 日経NEEDS Financial Questから株価を取得し作成。

したがって100株分売買していれば，100万円の利益が得られたことになります。デッドクロスの後，株価は2万円も下落しました。デッドクロスが生じたときに売却していれば，資産を半減させずに済みました。図表の例では，移動平均線はトレンド転換のシグナルとして一定程度機能したといえそうです。

◇トレンドライン

トレンドラインとはチャートに線を引いてトレンドを判定する手法です。この手法で重要なのは下値支持線と上値抵抗線です。下値支持線とは上昇トレンドの下値を結ぶ線のことであり，上値抵抗線とは下降トレンドの上値を結ぶ線のことです。

図表10－16はトレンドラインを用いてファーストリテイリングのトレンドを分析したものです。2014年夏から2015年夏までの上昇トレンドに引いた下値支持線は，上昇トレンドに生じる一時的な株価の下落をサポートしました。2015年夏に株価がサポートを割り込むと，株価は下降トレンドへ転換しました。これは，サポートブレイクと呼ばれる上昇トレンドから下降トレンドへの転換シグナルです。移動平均線を用いた分析よりも早く出た転換シグナルにしたがえば52,000円近辺で売却することができ，より多くの利益が得られます。

2015年夏から2016年夏までの下降トレンドの上値に引いた上値抵抗線は，下降トレンドに生じる一時的な株価の上昇を跳ね返しました。2016年夏に株価が上値抵抗線を上抜けると，株価は上昇トレンドへ転換しました。ここでも，移動平均線を用いた分析より早くトレンド転換のシグナルが出ています。

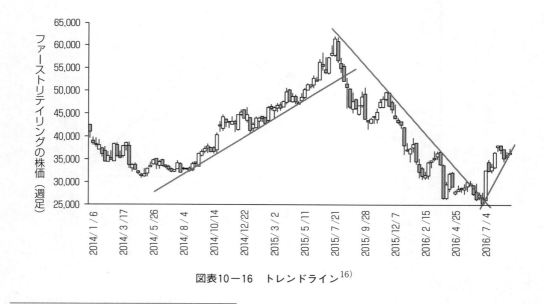

図表10－16　トレンドライン[16]

---

16) 日経NEEDS Financial Questから株価を取得し作成。

◇RSI

Relative Strength Index（RSI）とは値幅からトレンドを判定する手法です。過去n営業日のRSIは次のように計算されます[17]。

$$RSI_n = \frac{Gains_n}{Gains_n + Losses_n} \times 100$$

$Gains_n$ は，過去n営業日の取引のうち，株価が上昇した日の値幅の合計を，$Losses_n$ は，過去n営業日の取引のうち，株価が下落した日の値幅の合計を表します。n営業日のあいだ株価が毎日上昇したのであれば，$Losses_n$ の値は0となり，RSI_n は100となります。n営業日のあいだ株価が毎日下落したのであれば，$Gains_n$ の値は0となり，RSI_n は0となります。このようにRSIの値は騰落の偏りを表します。株価が上がる日がつづいてRSIの値が70を超えると売りどきだとされます。株価が下がる日がつづいてRSIの値が30を下回ると，買いどきだとされます。

図表10－17はRSIを用いてファーストリテイリングのトレンドを分析したものです。2014年秋にRSIの値は70を超え，売りのシグナルが出ました。このシグナルは一時的な下落を的確に予想したものの，相場は大崩れしませんでした。2015年夏にもRSIの値は70を超えました。このときの売りシグナルは的確にトレンド転換を予想しました。2015年秋にRSIが30を下回り買いシグナルが出ました。この買いシグナルは少しタイミングが早かったようです。RSIは，他の手法に比べて取り扱いが難しいようです[18]。

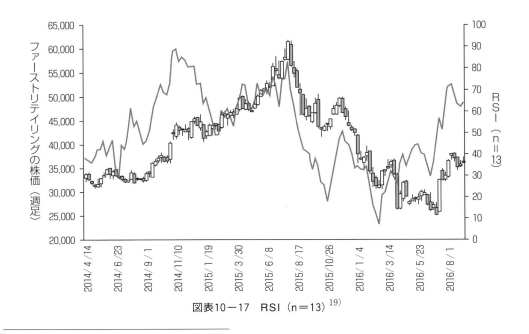

図表10－17　RSI（n＝13）[19]

17）日本テクニカルアナリスト協会編（2009, p.252）の式（1）を参照。

テクニカル分析は絶対的なシグナルではなく，一定以上の勝率を達成するための手法であることに留意しましょう。たとえば，テクニカル分析にもとづくアクティブ運用をして50万円の利益と30万円の損失が出たら，差し引き20万円の利益を確保できます。その都度の損益に過度にこだわらず，1か月や1年という比較的長い期間の損益をトータルで評価するようにしましょう。

❸ テクニカル分析に対する学者の反応

1973年から改訂され続けているロングセラー『ウォール街のランダム・ウォーカー』を著したMalkielは，テクニカル分析をするチャーチストと呼ばれる人を次のように描写しています。

「チャーティストの草分けの一人であるジョン・マギーは，マサチューセッツ州スプリングフィールドに小さなオフィスを構えていた。よく見ると彼のオフィスの窓は，すべて板を打ちつけてふさいであった。分析の攪乱要因になる外界の影響を排除するためである。マギーはかつて，次のように語ったことがある。「私はこの部屋に入ると，外界のことを一切忘れ，チャートに没頭できるのです。この部屋の中は，たとえ大吹雪の最中だろうが，初夏の月明かりの夜だろうが，全く同じ状態です。この部屋にいれば，単に日が照っているために『買い』だと言ったり，雨が降っているために『売り』と言ってしまったりして，顧客に損をさせることもないでしょう」」[20]

「チャーティストが勧めるテクニカル戦略は必ずと言っていいほど，銘柄間の乗り換え取引を伴うものだ。こう言った取引は証券会社に，彼らの血液とも言える手数料収入をもたらす。テクニカル・アナリストは，顧客がヨットを買う手助けにはならないが，取引を作り出す上では大いに助けとなる。おかげで，証券会社の社員はヨットを買うこともできるというわけだ」[21]

かなり刺激的な書きぶりですが，これがテクニカル分析に対する保守的な研究者の見方でした。近年は雪解けが進み，研究対象として認知されるようになってきています[22]。

---

18) 日本テクニカルアナリスト協会編（2009, p.256）に「RSIは逆張り用のテクニカル指標として最も有効な指標の1つであるが，他のオシレーター系指標と同様，比較的うまく機能するのは保ち合い相場，あるいは緩やかなトレンド相場だけである」とある。
19) 日経NEEDS Financial Questから株価を取得し作成。
20) 井手訳（2016, p.137）から引用。
21) 井手訳（2016, p.197）から引用。Malkiel（2003）も参照。
22) たとえばLo and MacKinlay（1999），Lo et al.（2000），Jegadeesh（2000），Kavajecz and Odders-White（2004）等を参照。

筆者は,「市場参加者の多くがそれを用いることで,株価がテクニカル分析の示唆通りに動くことがあるのではないか」と考えています。企業の経営や国の経済に変化がないのに株価がうごいたとき,テクニカル分析で用いられる何らかのシグナルが出ていないか確認することは有意義かもしれません。アルゴをまとったbotが支配する市場では,パターン探索の猛威が吹き荒れているような気がします。

参考文献

【和書】
・日本テクニカルアナリスト協会編『日本テクニカル分析大全』日本経済新聞出版社, 2009年。

【訳書】
・Malkiel, Burton Gordon著, 井手正介訳『ウォール街のランダム・ウォーカー』日本経済新聞出版社, 2016年。
・Murphy, John J.著, 日本興業銀行国際資金部訳『先物市場のテクニカル分析』金融財政事情研究会, 1993年。

【洋書】
・Fama, Eugene Francis, 1965, The Behavior of Stock-Market Prices, Journal of Business, 38, 1, 34-105.
・Jegadeesh, Narasimhan, 2000, Foundations of Technical Analysis: Computational Algorithms, Statistical Inference, and Empirical Implementation: Discussion, Journal of Finance, 55, 4, 1765-1770.
・Kavajecz, Kenneth A., and Elizabeth R. Odders-White, 2004, Technical Analysis and Liquidity Provision, Review of Financial Studies, 17, 4, 1043-1071.
・Lo, Andrew W., and A. Craig MacKinlay, 1999, A Non-Random Walk Down Wall Street, Princeton University Press.
・Lo, Andrew W., Harry Mamaysky, and Jiang Wang, 2000, Foundation of Technical Analysis: Computational Algorithms, Statistical Inference, and Empirical Implementation, Journal of Finance, 55, 4, 1705-1765.
・Malkiel, Burton Gordon, 2003, The Efficient Market Hypothesis and Its Critics, Journal of Economic Perspectives, 17, 1, 59-82.

Reading List

・金融庁金融審議会『事務局説明資料(取引の高速化)』市場ワーキング・グループ(第1回)議事録, 2016年。
・Allen, Helen, and Mark P. Taylor, 1990, Charts, Noise and Fundamentals in the London Foreign Exchange Market, Economic Journal, 100, 400, 49-59.
・Brown, David P., and Robert H. Jennings, 1989, On Technical Analysis, Review of Financial Studies, 2, 4, 527-551.
・Pinches, George E., 1970, The Random Walk Hypothesis and Technical Analysis, Financial Analysts Journal, 26, 2, 104-110.
・Qi, Min, and Yangru Wu, 2006, Technical Trading-Rule Profitability, Data Snooping, and Reality Check: Evidence from the Foreign Exchange Market, Journal of Money, Credit and Banking, 38, 8, 2135-2158.

第11章
アクティブ運用②：ファンダメンタル分析

前章では過去の株価からトレンド転換を読み解くテクニカル分析について学びました。本章では企業業績などをもとに取引するファンダメンタル分析について説明します。

1 業績の開示

上場会社は投資家に向けてさまざまな情報を提供します。そのうち特に重要なものは，法律にしたがって提出する有価証券報告書と，金融商品取引所の規則にしたがって提出する決算短信です。

資料の名称	根　拠
有価証券報告書	金融商品取引法24条
決算短信	有価証券上場規程404条

図表11－1　会社が公表する業績等の資料

有価証券報告書には，数字と文章で会社のようすが記されています。貸借対照表，損益計算書，株主資本等変動計算書，キャッシュフロー計算書などは会社のようすを数字で表します。会社の沿革，事業の内容，従業員の状況，対処すべき課題などは会社のようすを文章で表します[1]。

有価証券報告書は投資を判断するための重要な資料ですので，虚偽を記すと罰せられます。費用を少なく見積もり，利益を不当に多く報告した株式会社東芝は73億7,350万円の課徴金を課されました[2]。

有価証券報告書はファンダメンタル分析に欠かせない資料ですが，会社の業績を網羅的

---

1) 金融庁,企業内容等の開示に関する内閣府令,改正様式, 山下・神田編（2010, pp.130-131）の表2－3を参照。四半期開示については金融商品取引法24条の4の7を，会計帳簿については会社法432条を，計算書類については会社法435条を，決算公告については会社法440条を，財務諸表の定義については財務諸表等の用語，様式及び作成方法に関する規則1条を参照。
2) 金融庁,株式会社東芝に係る有価証券報告書等の虚偽記載に対する課徴金納付命令の決定について（2015年12月25日）を参照。

に記しているため200ページほどの分量があります。内容も専門的ですので，十分な知識を持たない人がすべてを読み解くのは困難です。また，会計期間を終えてから公表されるまでに3か月を要します。

投資家はできるだけ早く会社の業績を知りたいと考えています。この要望に応えるべく，会計期間を終えてから45日以内に公表されるのが決算短信です。決算短信はサマリー情報と添付資料からなります。サマリー情報は利益，純資産，配当，キャッシュフロー，業績予想などを2ページにまとめたものです。業績の要約として最良の資料ですので，私たちはまずサマリー情報をみます。サマリー情報に注目すべき点があれば，サマリー情報の後についている50ページほどの添付資料を読みます。

決算短信に記される業績は会計監査人の監査前のものであることに注意が必要です。決算短信には図表11－2のような注意書きがあります。後日，会計監査人から不適切な部分や調査を要する部分を指摘される可能性があることを理解した上で利用しましょう。

※ 監査手続の実施状況に関する表示

この決算短信（四半期決算短信）の開示時点において，金融商品取引法に基づく財務諸表の監査手続（四半期財務諸表に対するレビュー手続）は終了していません。

図表11－2　決算短信に記される注記[3]

2 継続企業の前提

継続企業の前提とは，事業を営むために集めたり借りたりした資金を保全したり返したりしながら，企業は事業を続けてゆくという前提です。株式を長期間保有しようとする投資家は，株式を発行した会社がこの前提を満たしているか，投資する前に確認しなければなりません。

会社が継続企業の前提を満たしているかは会計監査人が調査します[4]。会社に図表11－3のような状況が生じていて，前提を満たしていないと考えられるとき，有価証券報告書と決算短信に「継続企業の前提に関する注記」が記されます。決算短信に図表11－2のような注記がある場合には，監査終了後速やかに注記が公表されます。

競合他社との競争に押されて売り上げが急に減ったり，法律や制度が変わってこれまで営んでいた事業を自由に営めなくなったり，内紛が起きて経営陣の多くが退社したり，不祥事が発覚して顧客離れが急速に進んだりしたときに継続企業の前提が揺らぎます。

3） 東京証券取引所（2015, pp.19-20）から記載例の1つを引用。東京証券取引所（2017）では，記載例が簡素化されている。
4） 東京証券取引所，有価証券上場規程437条，会社法327条と328条を参照。

財務指標	売り上げの著しい減少 債務超過
財務活動	借入金，社債等の返済困難性 売却予定資産の処分困難性
営業活動	取引先からの取引継続拒絶 不可欠な人材の流出 法令に基づく事業の制約
その他	損害賠償金支払いの可能性 ブランドイメージの悪化

図表11－3　継続企業の前提に重要な疑義を生じさせる事象や状況[5]

　継続企業の前提に疑義が呈された会社のうち，売上高などの上場基準を満たせなくなる恐れがある会社や不適切な会計処理をした疑いのある会社は，監理銘柄に指定されます。取引所から与えられた猶予期間のうちに問題が解消されなければ上場廃止が決まります。上場廃止が決まると整理銘柄に指定され，1か月後に上場が廃止されます[6]。

　上場が廃止されると株式を売ることが難しくなります。整理銘柄には投資しないようにしましょう。

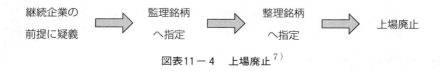

図表11－4　上場廃止[7]

　最近上場廃止となった会社の例をみましょう。図表11－5は東証マザーズに上場していた株式会社メディビックグループの状況を時系列で表しています。メディビックグループは「個人に適したテーラーメイド医療の実現」[8]を掲げて2000年に創業しました。2003年9月に東証マザーズに上場した後，2004年2月に当時の社長が起業家部門の経済産業大臣賞を受賞して注目を集めました。一方で業績は伸び悩みました。本書執筆時に入手できた有価証券報告書をみると，2007年度から2015年度までのすべての年度で経常利益と純利益がマイナスでした。

5）日本会計士協会（2009）を参照して作成。財務諸表等の監査証明に関する内閣府令3条，会社計算規則98条から100条，企業会計基準第1号，東京証券取引所,有価証券上場規程402条も参照。
6）上場基準については，東京証券取引所,有価証券上場規程の第6章を参照。
7）東京証券取引所,有価証券上場規程610条と611条，日本取引所,監理銘柄及び整理銘柄に関する規則を参照して作成。買収されて子会社となったり，ファンド・経営陣・従業員が株式を買い取るLBO・MBO・EBOを実施する会社も上場廃止となることがある。
8）株式会社メディビックグループ,平成21年12月期決算説明会資料から引用。

メディビックグループは2016年3月1日に2015年通期の決算を訂正すると発表しました[9]。公表資料の中に「充分な営業活動資金の確保が確実でない状況にあり，継続企業の前提に関する重要な疑義が存在しております」と記され，企業の継続に疑いが呈されました。3月4日，この責任を取る形で代表取締役社長が退任しました。

6月3日に監査法人が契約を解除し，その直後の6月6日には社外監査役と取締役が内部報告書を提出して，決算書類の信頼性が揺らぎました。この問題に対処すべく，会社は7月5日に第三者委員会を設立しました。8月15日，第三者委員会は調査報告書を会社に提出しました。報告書には「過去の有価証券報告書等を訂正する予定であること，その結果，平成27年12月期における連結売上高が1億円未満となる見込みである」ことが示されていました。これをみた日本取引所は，同日メディビックグループを監理銘柄に指定しました。

日　付	公表された情報
2016年2月12日	2015年12月期の決算短信を発表
2016年3月1日	継続企業の前提に疑義が呈される
2016年3月4日	役員の異動
2016年6月3日	監査法人の異動
2016年6月6日	不適切な会計処理に関する内部調査報告書の公表
2016年7月5日	第三者委員会の設置
2016年8月12日	第2四半期の報告書提出延期を発表
2016年8月15日	監理銘柄（確認中）へ指定
2016年9月2日	過年度の有価証券報告書の訂正書類を提出できず
2016年9月5日	監査法人意見不表明により上場廃止が確定，整理銘柄へ指定
2016年10月6日	上場廃止

図表11－5　株式会社メディビックグループの状況[10]

メディビックグループは9月1日までに有価証券報告書の訂正書類を提出すべく準備を進めましたが間に合わず，9月2日に「本日過年度における有価証券報告書及び四半期報告書にかかる訂正報告書を提出する予定でした。しかしながら，提出データの不具合等により本日の提出を行うことができませんでした」との声明を出しました。週明けの9月5日，日本取引所はメディビックグループの上場廃止を決定し，整理銘柄に指定しました。

---

9) 株式会社メディビック，継続企業の前提に関する事項の注記についてのお知らせ及び（訂正）「平成27年12月期決算短信[日本基準]（連結）」の一部訂正についてを参照。
10) 株式会社メディビックグループ，IR情報，プレスリリースをもとに作成。

図表11－6は図表11－5に掲げた期間のメディビックグループの株価を表しています。奇妙なことに，継続企業の前提が揺らぎ代表取締役が交代した3月上旬に株価は大きく落ち込まず，むしろ4月半ばまで上昇しています。その後株価は下落に転じ，6月3日に監査法人が契約を解除してから監理銘柄に指定されるまで100円を少し上回る水準で安定していました。監理銘柄に指定されると，株価は暴落して半値ほどになりました。

　株価のうごきをみるかぎり，メディビックグループが公表した情報をこまめにみていれば，暴落前に株式を売ることができたと思われます。投資先が公表する情報をこまめに確認することが重要です。

図表11－6　メディビックグループの株価[11]

　監査法人が突然変わったり，取締役が不定期に異動したり，有価証券報告書の提出が遅れたりするのは，経営が順調でないことを示すシグナルです。ファンダメンタル分析をしていると，会社に愛着が出て株式を手放しにくくなりますが，シグナルを冷静に見極めて速やかに行動すべきです。

11）日経NEEDS Financial Questから株価を取得し作成。本書執筆時点でメディビックグループは経営再建の途上にある。

③ 純利益

図表11－7は会社の売上が利害関係者に分配されるようすを表しています。仕入れた商品を消費者へ売る小売業を例に説明します。売上は，商品の仕入代金を仕入業者へ払うためにつかわれます。仕入代金支払い後に残る金額を売上総利益といいます。売上総利益の一部は，販売に貢献した従業員の給与に充てられます。給与支払い後に残る金額を営業利益といいます。営業利益の一部は，借入金の利息を払うためにつかわれます。利払い後に残った金額を税引前当期純利益といいます。税引前当期純利益がプラスであるときには，法人税を払う必要があります。税引前当期純利益から法人税を払った後に残る金額を当期純利益といいます。株主に帰属するのは，この当期純利益です。

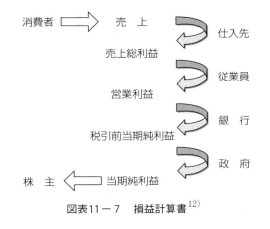

図表11－7 損益計算書[12]

当期純利益のうち，配当として株主に払い出されない部分は利益剰余金として会社に貯め置かれます。当期純利益のうち，どれほどが利益剰余金として貯め置かれ，どれほどが配当として払い出されたかは株主資本等変動計算書に記されます。次ページの図表11－8のように，前期末の利益剰余金が1,000億円であったとしましょう。当期純利益が100億円，配当額が50億円であれば，当期末の利益剰余金は1,000億円－50億円＋100億円＝1,050億円となります。

蓄積された利益剰余金は会社に再投資され，来期以降の利益を生み出すのに貢献します。来季以降の利益の一部は配当として株主に還元されます。したがって，株主が最も注目すべき財務データは，今期と来期以降の配当を生み出す当期純利益です。

---

12) 会社計算規則87条から94条を参照して作成。実際の損益計算書は図表より複雑なことに留意する。

前期末の利益剰余金	1,000億円
剰余金の配当	50億円
当期純利益	100億円
当期末の利益剰余金	1,050億円

図表11－8　株主資本等変動計算書[13]

　会社が当期純利益を生み出す効率は，投下された株主資本に対する当期純利益の比率で測ります。この比率を株主資本利益率（ROE）といいます。ROEは次式から算出されます。

$$ROE = \frac{普通株式に係る当期純利益}{株主資本の期中平均}$$

　米国の財閥企業DuPontは，ROEを3つに要因分解して経営分析に用いました。それで，次式のようにROEを3要因に分解して分析することをDuPont Analysisといいます[14]。

$$ROE = \frac{当期純利益}{売上高} \times \frac{売上高}{総資産} \times \frac{総資産}{株主資本}$$

　1つめの要素は売上高に対する当期純利益の比率です。これを売上高当期純利益率といいます。売上高当期純利益率はマージン率ともいわれます。図表11－9はマージン率を説明するためのものです。会社Aは6億円の費用をかけて2億円の利益を得ました。会社Bはおなじ額の費用をかけて4億円の利益を得ました。会社Aのマージン率は25％，会社Bのマージン率は40％です。

　マージン率が高い会社は他社より優れたブランド，ノウハウ，特許などを持つことが多いです。消費者から「この会社の商品は他社より少し高いが品質はよい」と評価されていれば，価格競争にまきこまれず高いマージンを維持することができます。高いマージンを維持する商品力の高い会社は投資する価値のある会社です。

---

[13] 会社計算規則96条を参照して説明に必要な部分のみ図表にした。
[14] 式についてはR&I格付投資情報センター編集部編（2016, p.63）の図表2－2を参照。3要素の値は連動している。たとえば，売上高が増えると第1要素は低下し，第2要素は上昇する。3要素の数値を独立にみて議論するより，3要素を日常業務と関連づけて理解することが建設的だと思われる。

A：マージン率低　　　　　　　　B：マージン率高

図表11－9　マージン率

　2つめの要素は総資産に対する売上高の比率です。これを資産回転率といいます。図表11－10は資産回転率を説明するためのものです。資産回転率は資産の大半が在庫である卸売業を想定すると理解しやすいです。会社Cは会計期間に平均10億円の在庫を保有して20億円を売り上げました。在庫を2回売り切った計算になりますので，資産回転率は2です。会社Dは会計期間中，おなじ額の在庫を保有して30億円を売り上げました。在庫を3回売り切った計算になりますので，資産回転率は3です。

　資産回転率の高い会社は他社より優れた販売網を持つことが多いです。また，資産回転率を引き下げる不動在庫，稼働率の低い工場，大きすぎる管理部門などを持たないことが多いです。販売力が強く，筋肉質の財務を確立している会社は投資する価値のある会社です。

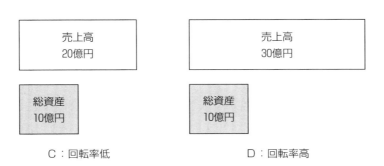

C：回転率低　　　　　　　　　D：回転率高

図表11－10　資産回転率

　3つめの要素は株主資本に対する総資産の比率です。これをレバレッジといいます。レバレッジのレバーとは，小さな力で重いものを動かすテコのことです。金融の文脈でテコとは，少額の株主資本で大きなビジネスをすることを意味します。次ページの図表11－11の会社Eは1,000億円のビジネスを800億円の株主資本で行います。会社Fはおなじ規模のビジネスを300億円の株主資本で行います。

　レバレッジが高い会社は，生み出された利益を分け合う株数が少ないので，ビジネスが

成功したときに得られる1株あたりの利益が多くなります。利払いが滞りなくできる範囲で借り入れを活用している会社に投資しましょう。

図表11−11　レバレッジ[15]

　ROEを投資に活用するとき，ROEの変化が株価とどれほど連動しているかということと，ROEの予想が当たるかということが問題になります。図表11−12はROEと株価のうごきを表したものです。図表をみるとROEが高い年に株価指数は高く，ROEが低い年に株価指数は低いことがわかります。この期間，ROEと株価は連動していました。したがって，この期間にROEのうごきを適切に予測できた人は，投資が成功したと考えられます。ROEと株価は連動しているため，ROEを予想することには意味がありそうです。

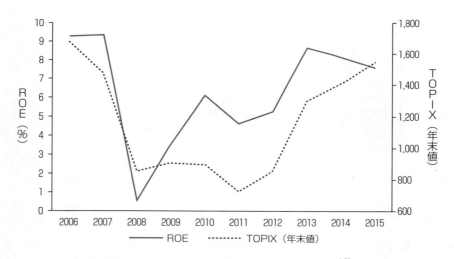

図表11−12　東証一部上場株式のROEとTOPIX[16]

---

15) 説明を容易にするために株主資本と純資産の額が等しいと仮定した。
16) 日本取引所，決算短信集計結果，日本取引所，TOPIX（東証株価指数）からデータを取得し作成。

ROEは，今後3年から5年の見通しが示される会社の中期経営計画などの資料をもとに予想しますが，会社が属する業界の盛衰や国内外の経済情勢もROEに影響を与えますので，予想を的中させるのは容易でありません。それだけに，「これから伸びる」と考えて投資した会社の株価が上がるのをみるのは大変嬉しいことです。

4 その他の要因

会社の業績のほかにも株価に影響を与える事柄は多くあります。ここでは，増資による株主の権利の希薄化とインデックスへの加除について考えます。

会社が増資をすると株数が増え，これまでの株主の権利は薄まります。図表11－13のように，発行済株式総数の25％にあたる株数を会社が発行し，そのすべてを投資家Eが購入したとしましょう。新株発行後，既存株主A，B，C，Dの持ち株比率は25％から20％へ下がります。持ち株比率が5％ptも下がると，株主総会での発言力は目立って低下します。発言力が落ちることを好まない株主は株式を売るので，増資が発表されると株価が下がることがあります。

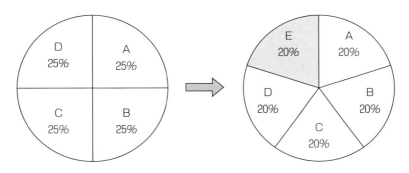

図表11－13　増資による希薄化

長崎ちゃんぽんのチェーン店を営む株式会社リンガーハットは，2016年11月4日の取引時間終了後に開催された取締役会で348万株の公募増資，52万株の第三者割当増資，52万株の売り出しを実施すると発表しました[17]。この増資により株数は18％増えました。図表11－14はリンガーハットの株価を表しています。11月4日の増資発表後はじめての取引となった11月7日に株価が284円下落しました。11月14日には，公募，売り出し，第三者割当の価格が2,053円と発表され，株価はこの水準まで下落しました。

---

17) 株式会社リンガーハット，新株発行及び株式売り出しに関するお知らせ（2016年11月4日），株式会社リンガーハット，発行価格等の決定に関するお知らせ（2016年11月15日）を参照。

その後，調達した資金で新たに73店舗を出店し，既存の53店舗を改修し，2工場を新設・増設・改修するというリンガーハットの戦略が投資家に浸透し，株価は上昇に転じました。増資は一時的に大きな株価の変動をもたらしますが，長期的には調達した資金で実施するビジネスの成果が株価に反映されます。

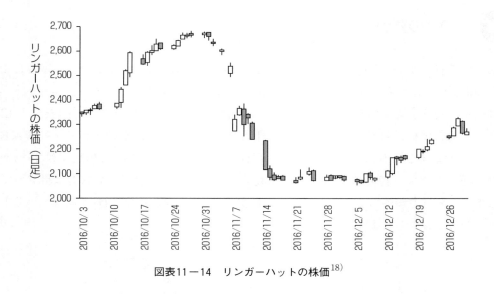

図表11－14　リンガーハットの株価[18]

　インデックスへの加除も株価に影響を与えます。リスク回避的な投資家の多くはインデックスに投資しますので，インデックスに加えられる株式は自動的に買われ，インデックスから除外される株式は自動的に売られます。ここではJPX日経400を例に，インデックスの加除が株価に与える影響をみます。

　2016年8月5日にJPX日経400構成銘柄の入れ替えが発表されました。構成銘柄から33社を除外し，34社を新たに加えました[19]。除外された銘柄の1つは三井造船であり，加えられた銘柄の1つはぐるなびでした。

　図表11－15は，銘柄入れ替えが発表された8月5日前後の株価を表しています。除外される三井造船の株価は一時的に下落し，追加されるぐるなびの株価は一時的に上昇しました。興味深いことに，株価に一時的な変化が生じたのは7月下旬から発表直前までの期間でした。これは，入れ替えの基準が公表されているため，どの銘柄が加除されるか発表前におおよそ予想できることによります[20]。

---

18) 日経NEEDS Financial Questから株価を取得し作成。
19) JPX日経400構成銘柄であったダイハツ工業が上場廃止となったため，1社多く加えた。
20) 日本取引所，JPX日経インデックス400の概要を参照。

その後の2社の株価をみると，三井造船の株価は上がり，ぐるなびの株価は下がっています。インデックスへの加除が株価に与える影響は一時的なものであり，業績の方が強い影響を与えるようです。

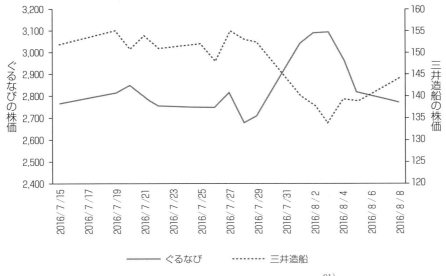

図表11－15　インデックスへの加除と株価[21]

　ファンダメンタル分析をするとき考慮に入れるべき情報は，このほかにも金融政策，財政政策，為替レート，GDP成長率，失業率，物価上昇率などたくさんあります。投資をこれからはじめようとする人にはかなり負担の重い分析手法です。マゼランファンドを運営していたピーター・リンチやバークシャー・ハサウェイを運営しているウォーレン・バフェットのような人たちは，やはり天賦の才があったのだと思います。

補論　ROEと資本コスト

　本文ではROEが高まると株価は上がると説明しました。しかし，会社が取るリスクが増えた結果としてROEが高まることは，投資家にとって必ずしもプラスにならないことに留意すべきです。次ページの図表11－16は，このことを示すためのものです。会社が経営努力をしてROEを高めても，この会社が発行する株式のリスクとリターンの関係が点Aから点Bへ移るのであれば，投資家にとってこの会社の株式の望ましさはROE改善

---

21) 日経NEEDS Financial Questから株価を取得し作成。Takahashi and Xu（2016）を参照。

前と変わりません。ROEを高めた結果，リスクとリターンの関係が点Aから点Cへ移るときに，この会社の株式が投資家にとってより望ましい投資対象となります。

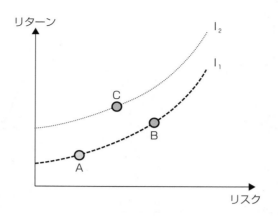

図表11－16　ROEと「望ましさ」の改善

図表11－17は，ある会社が経営努力をしてROEを5％から10％に高めたことを表しています。ROEを高めるのは素晴らしいことです。しかし，ROEを高めるために非常に大きなリスクをはらむビジネスに乗り出したり，財務レバレッジを異様に高めたりしたのであれば，リスク回避的な投資家はこの会社により高い利益率を要求することになります。もし投資家がROE改善前に3％，改善後に15％の利回りを要求するのであれば，この会社の株式の魅力は低下することになります。ROEの改善は，生じるリスクの変化を踏まえて評価すべきです。

	改善前	改善後
ROE	5％	10％
リスク	小さい	大きい
投資家の要求利回り	3％	15％

図表11－17　リスクとROE[22]

---

22) 財務レバレッジと資本コストについてはBrigham and Houston（2009, p.256），Hamada（1969, 1972），Rubinstein（1973），Conine, Jr（1980）等を参照。

参考文献

【和書】

- 東京証券取引所『決算短信・四半期決算短信作成要領等』2015年。
- 東京証券取引所『決算短信・四半期決算短信作成要領等』2017年。
- 日本会計士協会『継続企業の前提に関する開示について』監査・保証実務委員会報告第74号, 2009年。
- 山下友信・神田秀樹編『金融商品取引法概説』有斐閣, 2010年。
- R&I格付投資情報センター編集部編『点検ガバナンス大改革―年金・機関投資家が問う, ニッポンの企業価値―』日本経済新聞出版社, 2016年。

【洋書】

- Brigham, Eugene F., and Joel F. Houston, 2009, Fundamentals of Financial Management, 12th ed., South-Western College Pub.
- Conine, Jr., Thomas E., 1980, Corporate Debt and Corporate Taxes: An Extension, Journal of Finance, 35, 4, 1033-1037.
- Hamada, Robert S., 1969, Portfolio Analysis, Market Equilibrium and Corporation Finance, Journal of Finance, 24, 1, 13-31.
- Hamada, Robert S., 1972, The Effect of the Firm's Capital Structure on the Systematic Risk of Common Stocks, 27, 2, 435-452.
- Rubinstein, Mark Edward, 1973, A Mean-Variance Synthesis of Corporate Financial Theory, Journal of Finance, 28, 1, 167-181.
- Takahashi, Hidetomo, and Peng Xu, 2016, Trading Activities of Short-sellers around Index Deletions: Evidence from the Nikkei 225, Journal of Financial Markets, 27, 132-146.

Reading List

- あらた監査法人編『会社法計算書類の実務―作成・開示の総合解説―』第7版, 中央経済社, 2015年。
- 門脇徹雄・ベンチャーファイナンス研究会編著『事例検証 上場ベンチャー企業の粉飾・不公正ファイナンス―上場廃止事例に学ぶ』中央経済社, 2011年。
- 経済産業省『「持続的成長への競争力とインセンティブ～企業と投資家の望ましい関係構築～」プロジェクト「最終報告書」』, 2014年。
- 手島直樹『ROEが奪う競争力―「ファイナンス理論」の誤解が経営を壊す―』日本経済新聞出版社, 2015年。
- MacKinlay, A. Craig, 1997, Event Studies in Economics and Finance, Journal of Economic Literature, 35, 1, 13-39.
- Malkiel, Burton Gordon, 1995, Returns from Investing in Equity Mutual Funds 1971 to 1991, Journal of Finance, 50, 2, 549-572.
- Treynor, Jack Lawrence, and Fischer Black, 1973, How to Use Security Analysis to Improve Portfolio Selection, Journal of Business, 46, 1, 66-86.

第12章

証券市場線

　第10章と第11章でアクティブ運用について学びました。多くの手間と費用がかかるアクティブ運用が第9章で学んだパッシブ運用より有利になるのはどのような場合でしょうか。本章ではそれを判定する投資のものさしについて学びます。

1 投資のものさし

　ノーベル賞を受賞したMillerとModiglianiは，1958年に「投資のものさしは未だ見つかっていない」[1]と記しています。その後，投資のものさしを追い求める多くの研究が発表されました。そのうち，Sharpe (1964)，Lintner (1965)，Black (1972) という3人の論文は注目を集め，後にSharpe-Lintner-Blackモデルといわれるようになりました。ここでは1990年にノーベル経済学賞を受賞したSharpeの論文を参照して，投資のものさしについて説明します[2]。

　Sharpeは，ある株式をアクティブ運用することが有利になるのは，その株式を市場ポートフォリオに組み入れる株式の1つとして保有するときに得られるリスクとリターンの関係を超えるときだけだと考えました。このように考えるとき，市場ポートフォリオに組み入れられた株式のリスクとリターンの関係は投資のものさしになります。

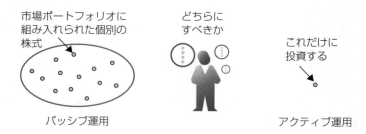

図表12－1　パッシブかアクティブか

---

1) Modigliani and Miller (1958, p.262) から引用（訳文は筆者）。Modiglianiは1985年に，MillerはMarkowitz，Sharpeとともに1990年にノーベル賞を受賞した。Lintner (1964, p.13) の脚注2，Neisser (1941, p.198)，Hirshleifer (1964, p.80) も参照。
2) SMLの導出はSharpe (1964, pp.436-442) を参照。

この投資のものさしは，市場ポートフォリオに組み入れられる1つの株式 j と市場ポートフォリオとのポートフォリオから導き出されます。株式 j の期待利益率と標準偏差を ER_j, σ_j とおき，市場ポートフォリオの期待利益率と標準偏差を ER_M, σ_M とおきます。

	株式 j	市場ポートフォリオ
期待利益率	ER_j	ER_M
標準偏差	σ_j	σ_M

図表12-2　ポートフォリオの基本情報

投資資金のうち比率 w を株式 j に，比率 $1-w$ を市場ポートフォリオに投じてポートフォリオを組成するとき，期待利益率と標準偏差は下式のように表されます。

$$ER_{port} = wER_j + (1-w)ER_M$$

$$\sigma_{port} = \sqrt{w^2\sigma_j^2 + (1-w)^2\sigma_M^2 + 2w(1-w)cov_{jM}}$$

図表12-3は第8章で学んだ市場ポートフォリオの効率的フロンティア（EF_M），第9章で学んだ資本市場線（CML）とともに，ここで考えるポートフォリオの効率的フロンティア（EF_{Port}）を表しています。

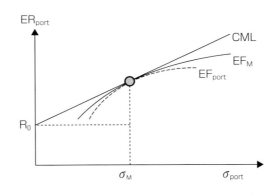

図表12-3　資本市場線と効率的フロンティア[3]

注目すべきは，資本市場線（CML）とここで考えるポートフォリオの効率的フロンティアは1点で接しており，接点で傾きが等しいことです。これは，$w=0$ のとき，ここで考えているポートフォリオが市場ポートフォリオと一致することから確かめられます。この

---

[3] Sharpe（1964, p.437）のFigure 7，Fama（1968, p.31）のFigure 1を参照して作成。

ことを式で表すと

$$\left.\frac{dER_{port}}{d\sigma_{port}}\right|_{w=0} = \frac{ER_M - R_0}{\sigma_M}$$

　左辺はここで考えているポートフォリオの効率的フロンティアの傾きを，右辺は資本市場線（CML）の傾きを表します。両者の傾きは接する点で等しくなります。投資のものさしは，この式から導かれます。

❷ SML

投資のものさしは前節で掲げた下式から導かれます。

$$\left.\frac{dER_{port}}{d\sigma_{port}}\right|_{w=0} = \frac{ER_M - R_0}{\sigma_M}$$

　左辺は条件がついた微分の形で表記されています。投資のものさしを得るには，この微分を計算しなければなりません。この微分を直接計算するのはとても難しいので，連鎖律を用いて2つの要素に分割します。

$$\left.\frac{dER_{port}}{d\sigma_{port}}\right|_{w=0} = \frac{dER_{port}}{dw} \left.\frac{dw}{d\sigma_{port}}\right|_{w=0}$$

　右辺の第1要素はここで考えるポートフォリオの期待利益率を w で微分した値です。第2要素はポートフォリオの標準偏差を w で微分した値の逆数です。これらを別々に計算してかけると左辺の値が得られます。

　まず第1要素を計算します。ポートフォリオの期待利益率の式は

$$ER_{port} = wER_j + (1-w)ER_M$$

この式を w の関数とみなして微分します。1次関数の微分ですので難しくありません。

$$\frac{dER_{port}}{dw} = ER_j - ER_M$$

　つづいて第2要素を計算します。ポートフォリオの標準偏差の式は

$$\sigma_{port} = \sqrt{w^2\sigma_j^2 + (1-w)^2\sigma_M^2 + 2w(1-w)cov_{jM}}$$

　この式を w の関数とみなして微分します。ルートの中に変数がある関数を微分するのに多くの人は慣れていないと思いますので，できるかぎりていねいに説明します。まず，見通しをよくするために，ルートの中にある式を $f(w)$ とおきます。

$$f(w) = w^2\sigma_j^2 + (1-w)^2\sigma_M^2 + 2w(1-w)\,cov_{jM}$$

$f(w)$ を標準偏差の式に代入すると

$$\sigma_{port} = \sqrt{f(w)}$$

図表12－4はこの式の構造を示しています。w の値が変わると $f(w)$ の値が変わり，$f(w)$ の値が変わると $\sqrt{f(w)}$ の値も変わります。このような特徴を持つ関数を合成関数といいます。

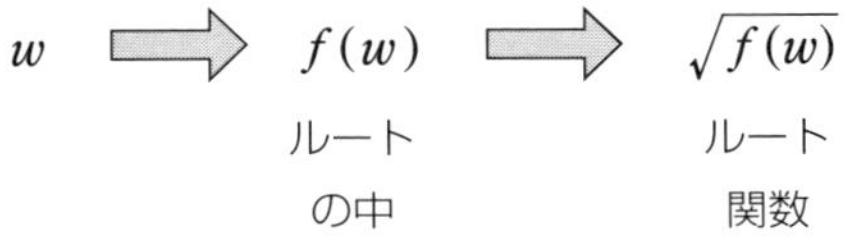

$$w \Rightarrow \underset{\substack{\text{ルート}\\\text{の中}}}{f(w)} \Rightarrow \underset{\substack{\text{ルート}\\\text{関数}}}{\sqrt{f(w)}}$$

図表12－4　合成関数

合成関数の微分は，図表12－4の矢印を逆にたどる形で連鎖率を用いて行います。すなわち

$$\frac{d\sigma_{port}}{dw} = \frac{d\sqrt{f(w)}}{dw} = \frac{d\sqrt{f(w)}}{df(w)} \frac{df(w)}{dw}$$

右辺の第1要素は $\sqrt{f(w)}$ を $f(w)$ で微分したもの，第2要素は $f(w)$ を w で微分したものです。第1要素から微分します。補論1に示すように，ルートは $\frac{1}{2}$ 乗で表記できます。

$$\sqrt{f(w)} = (f(w))^{\frac{1}{2}}$$

ルート関数の微分を説明する補論2を参照してこれを微分すると

$$\frac{d\sqrt{f(w)}}{df(w)} = \frac{1}{2}(f(w))^{\frac{1}{2}-1} = \frac{1}{2}\frac{1}{\{f(w)\}^{\frac{1}{2}}} = \frac{1}{2}\frac{1}{\sqrt{f(w)}}$$

分母にある $\sqrt{f(w)}$ は σ_{port} ですので，おきかえると

$$\frac{d\sqrt{f(w)}}{df(w)} = \frac{1}{2\sigma_{port}}$$

つづいて，ルートの中の関数 $f(w)$ を w で微分します。$f(w)$ は

$$f(w) = w^2\sigma_j^2 + (1-w)^2\sigma_M^2 + 2w(1-w)\,cov_{jM}$$

微分しやすくするため，$(1-w)^2$ と $2w(1-w)$ を展開します。

$$f(w) = w^2 \sigma_j^2 + (1-2w+w^2)\sigma_M^2 + (2w-2w^2)cov_{jM}$$

w で微分すると

$$\frac{df(w)}{dw} = 2w\sigma_j^2 + (-2+2w)\sigma_M^2 + (2-4w)cov_{jM}$$

2つの微分の結果を連鎖律の式に代入すると

$$\frac{d\sigma_{port}}{dw} = \frac{d\sqrt{f(w)}}{df(w)}\frac{df(w)}{dw}$$

$$= \frac{1}{2\sigma_{port}}(2w\sigma_j^2 + (-2+2w)\sigma_M^2 + (2-4w)cov_{jM})$$

分母と分子をそれぞれ2で割ると

$$\frac{d\sigma_{port}}{dw} = \frac{1}{\sigma_{port}}(w\sigma_j^2 + (-1+w)\sigma_M^2 + (1-2w)cov_{jM})$$

この微分には $w=0$ という条件がついています。$w=0$ のとき，ここで考えているポートフォリオは市場ポートフォリオになります。よって，$w=0$ のとき $\sigma_{port} = \sigma_M$ となります。これらを式に代入すると

$$\left.\frac{d\sigma_{port}}{dw}\right|_{w=0} = \frac{1}{\sigma_M}(0 \times \sigma_j^2 + (-1+0)\sigma_M^2 + (1-2\times 0)cov_{jM})$$

$$= \frac{-\sigma_M^2 + cov_{jM}}{\sigma_M}$$

これで下式右辺の第1要素と第2要素の計算が終わりました。

$$\left.\frac{dER_{port}}{d\sigma_{port}}\right|_{w=0} = \frac{dER_{port}}{dw}\left.\frac{dw}{d\sigma_{port}}\right|_{w=0}$$

得られた計算結果を式

$$\left.\frac{dER_{port}}{d\sigma_{port}}\right|_{w=0} = \frac{ER_M - R_0}{\sigma_M}$$

に代入すると

$$(ER_j - ER_M)\frac{\sigma_M}{-\sigma_M^2 + cov_{jM}} = \frac{ER_M - R_0}{\sigma_M}$$

この式を ER_j について解くと

$$ER_j - ER_M = \frac{ER_M - R_0}{\sigma_M} \times \frac{-\sigma_M^2 + cov_{jM}}{\sigma_M}$$

$$ER_j = ER_M + (ER_M - R_0)\frac{-\sigma_M^2 + cov_{jM}}{\sigma_M^2}$$

$$ER_j = ER_M + (ER_M - R_0)\frac{-\sigma_M^2}{\sigma_M^2} + (ER_M - R_0)\frac{cov_{jM}}{\sigma_M^2}$$

$$ER_j = ER_M - (ER_M - R_0) + (ER_M - R_0)\frac{cov_{jM}}{\sigma_M^2}$$

$$ER_j = R_0 + (ER_M - R_0)\frac{cov_{jM}}{\sigma_M^2}$$

$\beta_j = \dfrac{cov_{jM}}{\sigma_M^2}$ とおくと

$$ER_j = R_0 + \beta_j (ER_M - R_0)$$

この式をグラフにすると切片が R_0 で傾きが $(ER_M - R_0)$ の直線になります。それで、この式を証券市場線（SML）といいます。図表12-5は証券市場線を表しています。図表9-2に掲げた資本市場線（CML）と似ていますが、リスクを表す横軸は標準偏差ではなく β_j であることに注意が必要です。

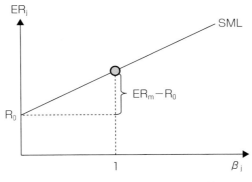

図表12-5　証券市場線（SML）[4]

リスクの指標が標準偏差でないのは、第8章で学んだように、市場ポートフォリオに組み入れられる証券の1つとして株式 j を保有するとき、株式 j の個別リスクは完全に除去

---

4) Sharpe（1964, p.440）のFigure 9を参照して作成。証券市場線は英語でSecurity Market Lineと表記する。

されるためです。株式 j のリスクとして残るのは，株式 j と市場ポートフォリオがどれほど共にうごくかを表す共分散です。β_j の式の分子に株式 j と市場ポートフォリオの共分散があるのはこのためです。

$$\text{株式 } j \text{ のリスク} = \text{個別リスク} + \underbrace{\text{市場リスク}}_{\text{消せないリスクにだけ報酬が与えられる}}$$

　株式市場は消せるリスクを負担する見返りを与えてくれるほど優しい世界ではありません。あらゆる手を尽くしてリスクを減らした後に残るリスクにだけ，見返りを与えてくれます。証券市場線（SML）は，市場ポートフォリオを組成して消せるリスクをすべて消した後に残るリスクに対する見返りを表しています。アクティブ運用が有利になるのは，このようにシビアに設定されたリスクとリターンの関係を超えるローリスク・ハイリターンが実現するときだけです。

補論 1　累乗によるルートと分数の表記[5]

　累乗 x^n の x を底，n を指数といいます。x^n は x を n 回かけることを表します。

$$x^n = \underbrace{x \times x \times \ldots \times x}_{n \text{個}}$$

　本文でルートと分数を累乗で表しました。ルートが $\frac{1}{2}$ 乗で表され，分数が -1 乗で表されることを説明します。ルートは 2 乗するとルート記号の中の数になります。たとえば，$\sqrt{3}$ を 2 乗すると 3 になります。式で表すと

$$(\sqrt{3})^2 = 3$$

ルート記号を累乗で表すと

$$\sqrt{3} = 3^\alpha$$

これを上式に代入すると

$$(3^\alpha)^2 = 3$$

　左辺の $(3^\alpha)^2$ は，3 を α 回かけることを 2 回繰り返すので，3 を 2α 回かけることとおなじです。よって

$$(3^\alpha)^2 = 3^{2\alpha}$$

5）補論の 1 と 2 は厳密性ではなく説明の便宜を重視する。

これを先ほどの式に代入すると

$$3^{2\alpha} = 3$$

3は3の1乗と表記できるので

$$3^{2\alpha} = 3^1$$

両辺自然対数をとって α について解くと

$$2\alpha \times ln(3) = 1 \times ln(3)$$
$$2\alpha = 1$$
$$\alpha = \frac{1}{2}$$

したがって

$$\sqrt{3} = 3^{\frac{1}{2}}$$

ルートは2分の1乗で表記されることが確かめられました。つづいて，分数が −1 乗で表されることを説明します。x^{-1} の値を b とおきます。式で表すと

$$x^{-1} = b$$

両辺に x^2 をかけると

$$x^2 x^{-1} = x^2 b$$

−1 乗は底をかける回数を1回減らすことを意味します。よって，$x^2 x^{-1}$ は下のように x を2回かけた後，かける回数を1回減らして計算します。計算結果は x になります。

$$x^2 x^{-1} \to \underbrace{x \times \overbrace{x}^{-1乗}}_{2乗} \to x$$

$x^2 x^{-1} = x$ を $x^2 x^{-1} = x^2 b$ に代入すると

$$x = x^2 b$$

b について解くと

$$b = \frac{1}{x}$$

この結果を $x^{-1} = b$ に代入すると

$$x^{-1} = \frac{1}{x}$$

分数は -1 乗で表記されることが確かめられました。

補論 2　ルート関数の微分

下式を例に、ルート関数を微分することを考えます。

$$g(x) = \sqrt{x^2+1}$$

この式を微分して得られる 1 階の導関数は、x が微かにうごいたとき $g(x)$ がどれくらいうごくかを表します。式を微分しやすくするために、ルート関数を累乗で表します。

$$g(x) = (x^2+1)^{\frac{1}{2}}$$

関数の微分は 3 ステップで行います。まず、関数の肩に乗った累乗の数字を下ろします。ここで累乗の数字は $\frac{1}{2}$ ですので、$\frac{1}{2}$ を下ろします。

$$\frac{dg(x)}{dx} = \boxed{\frac{1}{2}} \times (x^2+1)^{\frac{1}{2}}$$

つづいて、肩に乗った重荷を 1 度下ろしたことを記します。

$$\frac{dg(x)}{dx} = \frac{1}{2} \times (x^2+1)^{\frac{1}{2}\boxed{-1}}$$

さいごに、ルートの中にある x^2+1 を微分した結果を掛け合わせます。

$$\frac{dg(x)}{dx} = \frac{1}{2} \times (x^2+1)^{\frac{1}{2}-1} \times \boxed{\frac{d(x^2+1)}{dx}}$$

(x^2+1) を x で微分すると $2x$ になります。この結果を式に代入すると

$$\frac{dg(x)}{dx} = \frac{1}{2} \times (x^2+1)^{-\frac{1}{2}} \times 2x$$

$\frac{1}{2}$ 乗をルートに直し、-1 乗を分数に直すと

$$\frac{dg(x)}{dx} = x\left(\sqrt{x^2+1}\right)^{-1}$$

$$\frac{dg(x)}{dx} = \frac{x}{\sqrt{x^2+1}}$$

ルート関数の微分ができました。

> 参考文献

- Black, Fischer, 1972, Capital Market Equilibrium with Restrictive Borrowing, Journal of Business, 45, 3, 444-455.
- Fama, Eugene Francis, 1968, Risk, Return and Equilibrium: Some Clarifying Comments, Journal of Finance, 23, 1, 29-40.
- Hirshleifer, Jack, 1964, Efficient Allocation of Capital in an Uncertain World, American Economic Review, 54, 3, 77-85.
- Lintner, John, 1965, The Valuation of Risk Assets and the Selection of Risky Investments in Stock Portfolios and Capital Budgets, Review of Economics and Statistics, 47, 13-37.
- Modigliani, Franco, and Merton Howard Miller, 1958, Cost of Capital, Corporation Finance and the Theory of Investment, American Economic Review, 48, 3, 261-297.
- Neisser, Hans, 1941, Capital Gains and the Valuation of Capital and Income, Econometrica, 9, 3/4, 198-220.
- Sharpe, William Forsyth, 1964, Capital Asset Prices: A Theory of Market Equilibrium under Condition of Risk, Journal of Finance, 19, 3, 425-442.

Reading List

- Jensen, Michael Cole, 1969, Risk, the Pricing of Capital Assets, and the Evaluation of Investment Portfolios, Journal of Business, 42, 2, 167-247.
- Sharpe, William Forsyth, 1990, Capital Asset Prices: with and without Negative Holdings, Nobel Lecture.
- Varian, Hal, 1993, A Portfolio of Nobel Laureates: Markowitz, Miller and Sharpe, Journal of Economic Perspectives, 7, 1, 159-169.

第13章
アクティブ運用の成否

　図表13−1は，前章で導き出した証券市場線（SML）です。本章では，この投資のものさしを使って，アクティブ運用がパッシブ運用より有利になるのはどのような場合か考えます。

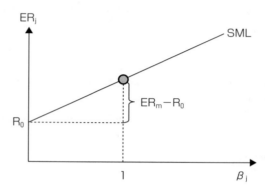

図表13−1　証券市場線（SML）

1 ベータの意味

　証券市場線の式にあるベータ（β_j）は何を表しているのでしょうか[1]。式をベータについて解くと

$$ER_j = R_0 + \beta_j(ER_M - R_0)$$

$$ER_j - R_0 = \beta_j(ER_M - R_0)$$

$$\beta_j = \frac{ER_j - R_0}{ER_M - R_0}$$

---

1) この節では初学者向けにごく簡易的な説明をする。

無リスク資産の利益率を超える期待利益率を超過リターンといいます。超過リターンという語を用いて式を書き直すと

$$\beta_j = \frac{\text{市場ポートフォリオに組み入れられた株式}j\text{の超過リターン}}{\text{市場ポートフォリオの超過リターン}}$$

図表13－2はこの式を図解したものです。三角形の底辺は市場ポートフォリオの超過リターンを，高さは市場ポートフォリオに組み入れられた株式jの超過リターンを表します。すると，ベータは「株式jの超過リターンは市場ポートフォリオの超過リターンの何倍か」を表すことがわかります。たとえば，ベータの値が1.2であるとき，その株式の超過リターンは，市場ポートフォリオの超過リターンの1.2倍になると予想されます。

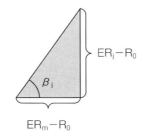

図表13－2　超過リターンの比較

一般に，ベータの値と超過リターンは次のように対応します。

$\beta<1$　市場ポートフォリオより低い超過リターン

$\beta=1$　市場ポートフォリオとおなじ超過リターン

$\beta>1$　市場ポートフォリオより高い超過リターン

次ページの図表13－3はベータ値を例示しています。東京証券取引所の市場ポートフォリオとみなせるTOPIXのベータ値は1.0です。東京ガスのベータ値は0.51です。この値は東京ガス株式の超過リターンが市場ポートフォリオの半分くらいであることを意味します。マツダのベータ値は2.1です。この値はマツダ株式の超過リターンが市場ポートフォリオの2倍くらいであることを意味します。

ベータ値が低い株式はリスクが小さいので，超過リターンは比較的低くなると予想されます。ベータ値が高い株式はリスクが大きいので，超過リターンは比較的高くなると予想されます。

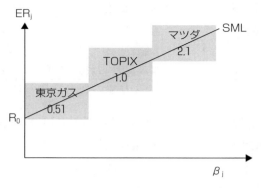

図表13−3　ベータ値と期待利益率[2]

2 アクティブ運用の成否

　証券市場線（SML）はアクティブ運用が有利になる条件を示す投資のものさしです。このことを図表13−4を用いて説明します。ある株式のベータ値が β_x であるとしましょう。この株式を市場ポートフォリオに組み入れられる株式の1つとして保有するとき，期待利益率は点Aの水準になります。これがパッシブ運用をして得られると予想される成果です。

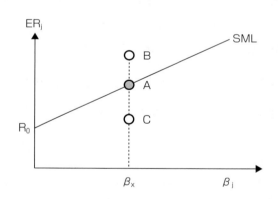

図表13−4　SMLによる投資判断

　アクティブ運用をすると点Bの成果が得られると予想されているとしましょう。パッシブ運用の成果である点Aとの差がアクティブ運用にかかる手間や費用を上回るのであれば，この株式を買うべきです[3]。アクティブ運用をすると点Cの成果が得られると予想さ

---

2) Perold（2004, p.18）のFigure 4を参考に作成。ベータ値はReutersから取得。
3) French（2008, p.1559）のFigure 3によると，米国の証券市場でアクティブ運用するのにかかる費用は0.6％から0.7％である。アクティブ運用の利益がパッシブ運用の利益と取引費用の和を上回るときにアクティブ運用すべきである。

れているとしましょう。パッシブ運用の成果である点Aとの差がマイナスですので、買う形でアクティブ運用をすべきではありません。この株式を保有しているのであれば売るべきです。経験豊富な投資家であれば、この株式を信用売りすべきです。

　投資して得られると予想される利益率がSMLを十分に上回るときは買う形でアクティブ運用すべきであり、投資して得られると予想される利益率がSMLを十分に下回るときは売る形でアクティブ運用すべきです。証券市場線はこのようにアクティブ運用の明確な指針を提供します。

❸ 裁定取引

　証券市場線（SML）は「リスクとリターンの関係がSML上にないときにアクティブ運用の利益機会が生じる」ことを示しています。アクティブ運用の利益機会を「市場の歪み」ということがあります。

　市場に歪みが生じると、アクティブ運用をする投資家が殺到します。図表13－5の点Bのように市場が歪んでいるのであれば、買い注文が殺到します。買いが殺到すると株価は上がり期待利益率は下がります。このプロセスは点BがSML上の点Aに至るまでつづきます。点Cのように市場が歪んでいるのであれば、売り注文が殺到します。売りが殺到すると株価は下がり期待利益率は上がります。このプロセスは点CがSML上の点Aに至るまでつづきます。

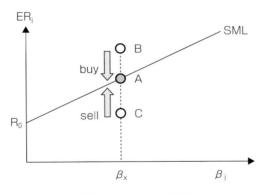

図表13－5　裁定取引

　市場にわずかでも歪みが生じると、アクティブ運用の投資家が殺到して市場の歪みは正されます。第3章で学んだように、近年はミリ秒単位で注文を出せますので、目にもとまらぬ速さで歪みは修正されます。このような取引のことを裁定取引といいます。裁定取引によって利益機会が瞬時に蒸発することを"no money left on the table"といいます。

SMLをものさしに裁定取引をする投資家が増えるにしたがいSMLの頑健性は増します。SMLの頑健性が高い市場でパッシブ運用を超える成果を上げるのは至難の業です[4]。

❹ 投資家の堂々めぐり

　投資家は利益を求めて株式に投資します。パッシブ運用を超えるリターンを狙う投資家がミリ秒単位で激しく争う市場では，利益機会が見逃されることはほとんどありません。市場の歪みは瞬時に正されますので，パッシブ運用が最適な投資戦略になります。しかし，バブル崩壊後の日本では，インデックスが下がりつづけたため，パッシブ運用の成果は惨憺たるものでした。投資家の多くは振り出しに戻り，パッシブ運用を超えるリターンを得る方法を模索してきました。

　私たち一人一人が自らのリスク回避度や知識を見定め，時間と資金を有効に活用できる投資戦略を確立して「優れた投資家」[5]になることが求められています。

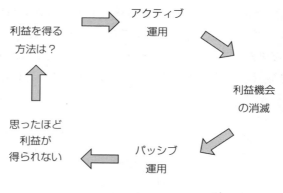

図表13－6　投資家の堂々めぐり[6]

---

4) Fama（1965, p.37）に「投資家の一部は会社が公表した情報が株式の本質的な価値に与える影響をよりよく分析することができる。また，統計学の分析が得意である。知識に乏しい投資家の売買によって生じる株価の自己相関を利益機会にする賢明な投資家がいることによって，市場はランダムウォークになる」（訳文は筆者）とある。

5) Fama（1965, p.40）の "superior trader" を和訳して引用。アクティブ運用の勝率はStandard & PoorsウェブサイトのS&P Indices versus activeを参照。

6) HYIP（High Yield Investment Program）という高利回り投資を勧める宣伝がネット上にあふれているが，途方も無いリターンの裏には必ず大きなリスクが潜んでいることを銘記すべきである。

補　論　GPIF

　証券市場に「クジラ」がいるといわれることがあります。クジラとは，巨額の資金を運用する投資家のことです[7]。GPIFはクジラの群れの中でもひときわ大きな存在です。また，この機関の運用成績は私たちの生活に直接，間接に大きな影響を及ぼします。本書のさいごに，この機関の運用状況をみることにします。

◇GPIF

　Government Pension Investment Fund（GPIF）とは，年金積立金管理運用独立行政法人のことです。この法人は，国民年金と厚生年金の積立金を運用していた年金資金運用基金が2006年に独立行政法人になったものです[8]。年金は，現役世代が納めた保険料を高齢者に給付するのが原則です。しかし，高齢化が進む中で給付の全額を保険料でまかなうことはできず，税金とGPIFの運用益も給付の財源とされています。現在のところ，GPIFの運用益は大きな貢献をしていませんが，今後は役割が増してくると考えられます[9]。

　図表13－7は，2015年度末の運用資産を表しています。図中の「Passive」はパッシブ運用をしている資産の額，「Active」はアクティブ運用している資産の額です。額が多い順にならべると国内債券，外国株式，国内株式，外国債券，財投債，短期資産となります。

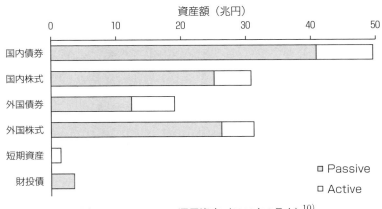

図表13－7　GPIFの運用資産（2016年3月末）[10]

---

7) GPIF，日本銀行，3共済，ゆうちょ，簡保を俗に5頭のクジラという。
8) 年金積立金管理運用独立行政法人法3条を参照。
9) 本来は年金給付のために積み立てられたGPIFの資産を先に取り崩すべきと思われるが，赤字国債発行によって得た資金が給付にあてられている。
10) 年金積立金管理運用独立行政法人，管理・運用状況，運用状況からデータを取得し作成。

図表13－8はGPIFが保有していた国内証券の内訳を表しています。GPIFは2016年3月末時点で488種類，53兆円の国内債券を保有していました。このうち額が最も多いのは日本国債であり，43兆円分を保有していました。左図は日本国債を除く国内債券を保有額が多い順に表しています。内訳をみると，独立行政法人，地方公共団体，電力会社など公共的色彩の強い法人が発行した債券を保有していることがわかります。日本国債とこれらの債券を合わせた保有額は全488種類の保有額の90％ほどです。GPIFは2016年3月末時点で2,120銘柄，30兆円の国内株式を保有していました。右図は国内株式を保有額が多い順に表しています。東京証券取引所の時価総額上位銘柄のうち，日本郵政とゆうちょ銀行を除いた会社が名を連ねています。これら上位10銘柄を合わせた保有額は全2,120銘柄の保有額の17％ほどです。

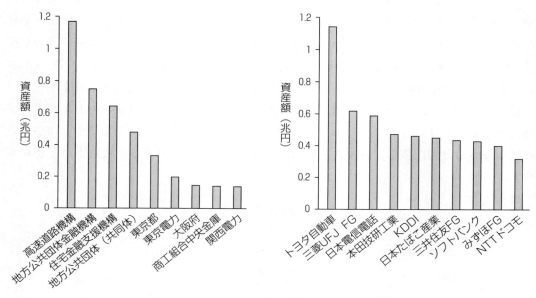

図表13－8　国内資産の内訳（2016年3月末）[11]

　図表13－9はGPIFが保有していた外国証券の内訳を表しています。GPIFは2016年3月末時点で1,089種類，19兆円の外国債券を保有していました。このうち額が最も多いのは米国財務省証券であり，6兆円分を保有していました。GPIFは2016年3月末時点で2,591銘柄，30兆円の外国株式を保有していました。右図は外国株式を保有額が多い順に表しています。アップル，マイクロソフト，エクソンなど米国を本拠とするグローバル企業が並んでいます。

---

11) 年金積立金管理運用独立行政法人，管理・運用状況，運用状況からデータを取得し作成。左図の高速道路機構は日本高速道路保有・債務返済機構のことである。

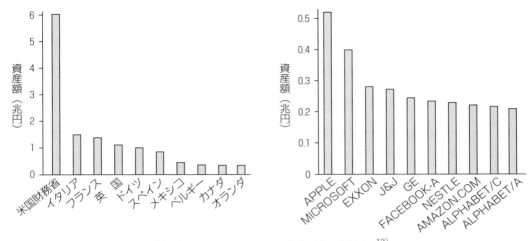

図表13-9 外国資産の内訳（2016年3月末）[12]

図表13-10は年金資金運用基金および年金積立金管理運用独立行政法人の運用資産額を表しています。2001年から2007年まで資産額が増えていますが，これは年金特別会計で管理されていた積立金が段階的に移管されてきたためです[13]。また，2007年頃から財投債の保有額が減ってきていますが，これは段階的に実施された財政投融資の改革によって，GPIFの自主運用が制度化されたことによります[14]。

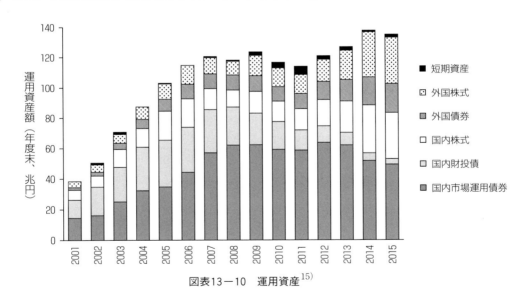

図表13-10 運用資産[15]

---

12) 年金積立金管理運用独立行政法人，管理・運用状況，運用状況からデータを取得し作成。
13) 厚生労働省，年金積立金の運用状況について（平成28年10月）の図表2-9を参照。
14) 財務省，よくあるご質問，財政投融資，郵貯・年金のお金はまだ財政投融資に使われていますかを参照。年金給付のためのキャッシュアウトも要因の1つと考えられる。
15) 年金積立金管理運用独立行政法人，管理・運用状況，運用状況からデータを取得し作成。

年金積立金は140兆円規模で国内外の証券に投資されています。そのうち60兆円は株式に投資されています。これをみる限り，私たちは株式投資と無縁でいられないようです。

> 参考文献

- Fama, Eugene Francis, 1965, The Behavior of Stock-Market Prices, Journal of Business, 38, 1, 34-105.
- French, Kenneth Ronald, 2008, Presidential Address: The Cost of Active Investing, Journal of Finance, 63, 4, 1537-1573.
- Perold, André F., 2004, The Capital Asset Pricing Model, Journal of Economic Perspectives, 18, 3, 3-24.

> Reading List

- 会計検査院『年金積立金（厚生年金及び国民年金）の管理運用に係る契約の状況等に関する会計検査の結果についての報告書（要旨）』2012年。
- 厚生労働省『年金制度のポイント』平成26年度。
- 厚生労働省年金局『GPIF関係』第34回社会保障審議会年金部会, 2016年。
- 根岸隆史『GPIF─年金積立金の運用見直し─』立法と調査, 369, 60-79, 2015年。
- Black, Fischer, Michael Cole Jensen, and Myron Scholes, 1972, The Capital Asset Pricing Model: Some Empirical Tests, in Michael Cole Jensen, Studies in the Theory of Capital Markets, Praeger Publishers.
- Cohen, Randolph Baer, Christopher Polk, and Tuomo Vuolteenaho, 2009, The Price is (Almost) Right, Journal of Finance, 64, 6, 2739-2782.
- Fama, Eugene Francis, 1991, Efficient Capital Markets: II, Journal of Finance, 46, 5, 1575-1617.
- Fama, Eugene Francis, 2014, Two Pillars of Asset Pricing, American Economic Review, 104, 6, 1467-1485.
- Fama, Eugene Francis, and Kenneth Ronald French, 2004, The Capital Asset Pricing Model: Theory and Evidence, Journal of Economic Perspectives, 18, 3, 25-46.
- Sharpe, William Forsyth, 1970, Efficient Capital Markets: A Review of Theory and Empirical Work: Discussion, Journal of Finance, 25, 2, 418-420.
- Ye, Pengfei, 2012, The Value of Active Investing: Can Active Institutional Investors Remove Excess Comovement of Stock Returns?, Journal of Financial and Quantitative Analysis, 47, 3, 667-688.

おわりに

　投資で大きな成功を収めたケインズという経済学者は次のように記しています。

　「投機という言葉を市場心理を予測する活動に，企業という言葉を資産の全耐用期間にわたる期待収益を予測する活動に当てていいとしたら，投機がいつも企業より優勢だというのは全く事実に反している。しかし，資本市場の組織化が進むにつれて，投機が優勢となる危険性が高まっている」[16]
　「投機家は企業活動の堅実な流れに浮かぶ泡沫としてならばあるいは無害かもしれない。しかし企業活動が投機の渦巻きに翻弄される泡沫になってしまうと，事は重大な局面を迎える。一国の資本の発展が賭博場での賭け事の副産物となってしまったら，なにもかも始末に負えなくなってしまうだろう」[17]

　悲喜こもごもが劇的に映し出される株式市場を目の当たりにすると，株式投資は忌避すべきものと感じるのもやむを得ません。しかし，株式を発行して運営資金を得る株式会社が私たちに働く場を与え，有益な財貨やサービスを私たちに提供していることも否定できません。

　「市場は私欲を公共善に浄化する」という逆説が本当に成り立つのか，研究を進めていきたいと思います。

---

16) Keynes, John Maynard著，間宮陽介訳『雇用，利子および貨幣の一般理論』上巻，2008年の p.219から引用。
17) Keynes, John Maynard著，間宮陽介訳『雇用，利子および貨幣の一般理論』上巻，2008年の p.220から引用。

索　引

A–Z

arrowhead ……………………………… 34
DuPont Analysis ……………………… 114
Exchange Traded Fund（ETF）……… 87
Fat Tail ………………………………… 46
Government Pension Investment Fund
　（GPIF）……………………………… 137
JPX日経400 …………………………… 87
Relative Strength Index（RSI）……… 105
TOPIX ………………………………… 87
ToSTNeT ……………………………… 35

ア

アクティブ運用 ………………………… 96
板寄せ方式 ……………………………… 31
移動平均線 …………………………… 102
インカムゲイン ………………………… 39
陰線 …………………………………… 100
インデックスへの加除 ……………… 118
上値抵抗線 …………………………… 104

カ

課徴金 ………………………………… 108
株式会社 ………………………………… 3
株式分割 ………………………………… 16
株主資本利益率（ROE）……………… 114
監理銘柄 ………………………………… 30
議決権 …………………………………… 5
基準日 …………………………………… 5
期待利益率 ……………………………… 52
キャピタルゲイン ……………………… 39
共分散 ………………………………… 68
金融商品取引所 ………………………… 7
くくり直し ……………………………… 15
継続企業の前提 ……………………… 109
決算短信 ……………………………… 108
権利付売買最終日 ……………………… 5
合成関数 ……………………………… 125
効用 …………………………………… 63
効率的フロンティア …………………… 70
個人投資家 ……………………………… 13
5頭のクジラ ………………………… 137
個別リスク ……………………………… 78
ゴールデンクロス …………………… 103

サ

最小リスクポートフォリオ …………… 73
財政投融資 …………………………… 139
裁定取引 ……………………………… 135
指値注文 ………………………………… 30
ザラバ方式 ……………………………… 31
時価総額 ………………………………… 25
市場区分 ………………………………… 7
市場の歪み …………………………… 135
市場ポートフォリオ …………………… 78
市場リスク ……………………………… 78
指数用時価総額 ………………………… 90
下値支持線 …………………………… 104
資本コスト …………………………… 119
資本市場線（CML）…………………… 85
証券コード ……………………………… 29
証券市場線（SML）………………… 127
条件別利益率 …………………………… 51

上場廃止	110	売買単位	14
剰余金配当請求権	4	発行市場	10
除数	89	パッシブ運用	87
優れた投資家	136	非効率な投資機会	70
生起確率	51	標準偏差	53
正規分布	45	ファンダメンタル分析	108
整理銘柄	30	浮動株	90
総合取引参加者	17	分散	54
増資による希薄化	117	───共分散行列	75
		ベータ (β_j)	132
		偏差	53
		ポートフォリオ	65

タ

対数利益率	41		
たし算の記号 Σ	57		
立会外分売	35		

マ

チャート	96	みなし額面	89
超過リターン	133	無差別曲線	60
テクニカル分析	96	無リスク資産	83
デッドクロス	103		
当期純利益	113		

ヤ

投資信託	87	有価証券報告書	108
投資単位	14	陽線	99
投資比率	66	預金保険法	83
トレンド	96		
───転換	97		

ラ

───ライン	104	利益剰余金	113
		離散変数	45
		リスク	59

ナ

		───回避度	60
72の法則	22	リターン	59
成行注文	30	流通市場	10
二項分布	43	累乗	128
日経平均	87	ルート関数	130
		連鎖率	125

ハ

		連続変数	45
売買委託手数料	17	ローソク足	98
売買立会時	30		

《著者紹介》

佐々木浩二（ささき・こうじ）

所　属　専修大学経営学部

略　歴　2004年　School of Economics, Mathematics and Statistics, Birkbeck College, University of London, Doctor of Philosophy
　　　　日本銀行金融研究所客員研究生，労働政策研究・研修機構アシスタントフェロー，大東文化大学経済学部講師などを経て現職。

主要業績　『マクロ経済分析―ケインズの経済学―』（2016年，創成社），『ファイナンス―資金の流れから経済を読み解く―』（2016年，創成社），『マクロ経済入門―ケインズの経済学―』（第2版，2014年，創成社），Informational Leverage: The Problem of Noise Traders, Annals of Finance, 4, 4, 455-480（with Norvald Instefjord, 2008年），Proprietary Trading Losses in Banks: Do Banks Sufficiently Invest in Control?, Annals of Finance, 3, 3, 329-350（with Norvald Instefjord, 2007年）など。

（検印省略）

2017年9月20日　初版発行

略称－株式投資

株式投資の理論と実際

著　者　佐々木　浩　二
発行者　塚　田　尚　寛

発行所　東京都文京区春日2-13-1　株式会社　創成社

電　話　03（3868）3867　　FAX 03（5802）6802
出版部　03（3868）3857　　FAX 03（5802）6801
http://www.books-sosei.com　振　替　00150-9-191261

定価はカバーに表示してあります。

©2017 Koji Sasaki
ISBN978-4-7944-3181-3 C3033
Printed in Japan

組版：でーた工房　印刷：亜細亜印刷
製本：宮製本所
落丁・乱丁本はお取り替えいたします。

―― 経済学選書 ――

株式投資の理論と実際	佐々木 浩二	著	2,000円
マクロ経済分析 ―ケインズの経済学―	佐々木 浩二	著	1,900円
ファイナンス ―資金の流れから経済を読み解く―	佐々木 浩二	著	2,000円
入門経済学	飯田 幸裕／岩田 幸訓	著	1,700円
マクロ経済学のエッセンス	大野 裕之	著	2,000円
国際公共経済学 ―国際公共財の理論と実際―	飯田 幸裕／大野 裕之／寺崎 克志	著	2,000円
国際経済学の基礎「100項目」	多和田 眞／近藤 健児	編著	2,500円
経済学を学ぶための数学的手法 ―数学の基礎から応用まで―	中邨 良樹	著	2,000円
ファーストステップ経済数学	近藤 健児	著	1,600円
現代経済分析	石橋 春男	編著	3,000円
マクロ経済学	石橋 春男／関谷 喜三郎	著	2,200円
ミクロ経済学	関谷 喜三郎	著	2,500円
グローバル化時代の社会保障 ―福祉領域における国際貢献―	岡 伸一	著	2,200円
財政学	小林 威／望月 正光／篠原 正博／栗林 隆／半谷 俊彦	監修／編著	3,200円
「日中韓」産業競争力構造の実証分析 ―自動車・電機産業における現状と連携の可能性―	上山 邦雄／郝 燕書／呉 在烜	編著	2,400円
日本の財政	大川 政三司／大森 誠司／江川 雅史／池田 浩治／久保田 昭	著	2,800円

（本体価格）

―― 創成社 ――